Perfekte Eltern und funktionierende Kinder?

Sigrid Tschöpe-Scheffler (Hrsg.)

Perfekte Eltern und funktionierende Kinder?

Vom Mythos der „richtigen“ Erziehung

Mit einem Eltern-Stärken-Test

2., durchgesehene Auflage

Verlag Barbara Budrich, Opladen 2006

Gedruckt auf säurefreiem und alterungsbeständigem Papier.

Die Deutsche Bibliothek – CIP-Einheitsaufnahme
Ein Titeldatensatz für die Publikation ist bei Der Deutschen Bibliothek erhältlich.

www.budrich-verlag.de

ISBN 10 3-86649-035-6
ISBN 13 978-3-86649-035-2

Umschlaggestaltung: disegno, Wuppertal – www.disenjo.de
Satz: Glaubitz Redaktion + Satz, Opladen
Druck: DruckPartner Rübelmann, Hemsbach
Printed in Germany

Immer, wenn du ein Buch aus der Hand legst und beginnst,
den Faden eigener Gedanken zu spinnen,
hat das Buch sein angestrebtes Ziel erreicht. –
Wenn du rasch umblätterst –
Vorschriften und Rezepte suchst und dich ärgerst,
dass es so wenige sind – wisse, falls es da Ratschläge und Hinweise gibt,
entspricht das nicht dem Willen des Autors.
Ich weiß nicht und kann nicht wissen,
wie mir unbekannte Eltern unter unbekannten Bedingungen
ein mir unbekanntes Kind erziehen können –
ich betone können, nicht wollen und auch nicht – sollen.
„Ich weiß nicht" – das ist in der Wissenschaft der Ur-Nebel,
aus dem die sich neu formenden Gedanken auftauchen,
und sie kommen der Wahrheit immer näher.
......
Das schöpferische „Ich weiß nicht" des modernen Wissens vom Kind ist wunderbar,
voller Lebendigkeit, voller hinreißender Überraschungen –
und ich möchte lehren, es zu verstehen und zu lieben.
Ich möchte, dass man versteht,
dass kein Buch, kein Arzt den eigenen aufmerksamen Gedanken,
die eigene genaue Beobachtung ersetzen können.
(*Janusz Korczak 1999, S.10*)

Janusz Korczak (1878-1942)
Kinderarzt, Pädagoge, Leiter eines Warschauer Waisenhauses, Schriftsteller

Vorwort zur zweiten Auflage

Der Bielefelder Sozialwissenschaftler Prof. Dr. Ullrich Bauer rezensiert dieses Buch in der Fachzeitschrift TPS folgendermaßen: **„Gute Erziehung kann man nicht wie ein Rezept verordnen. Gute Erziehung soll kindliche Potenziale eröffnen, Entfaltungsmöglichkeiten schaffen, Kompetenzen fördern. Die Beiträge dieses Bandes leisten hierzu gute Arbeit. Vor allem folgen sie der wichtigsten Maßgabe der Autorin: Sie sensibilisieren für das Kind- und für das Elternsein. ... In *Perfekte Eltern und funktionierende Kinder* wird daher ganz zu Recht von dem Instrument der „Selbstanalyse" gesprochen. ... Spielend leicht gelingt hier ... der Spagat zwischen fach- und populärwissenschaftlicher Darstellung"** (Theorie und Praxis der Sozialen Arbeit 3/2006).

Die Tatsache, dass so schnell nach der ersten Auflage im Herbst 2005 nun bereits die zweite Auflage vorliegt, hat nicht zuletzt auch mit dem Erscheinen unseres **Elternstärkentests** in dem „GEO Wissen" (April 2006) zu tun. Viele Leserbriefe von Müttern und Vätern, aber auch von Multiplikatorinnen und Multiplikatoren in der Elternbildung erreichten uns bereits seit dem ersten Erscheinen des Tests in der Zeitschrift „BRIGITTE" (August 2005) und zur Veröffentlichung unseres Buches. Eltern fühlen sich ermutigt, sich stärker mit sich, ihren Stärken und Schwächen sowie individuellen Werten auseinanderzusetzen. Immer mehr Multiplikatorinnen und Multiplikatoren unterstützen Eltern genau darin, denn Väter und Mütter wollen nicht in erster Linie von Expertinnen und Experten belehrt, beschult, trainiert oder in Sachen „richtiger Erziehung" unterwiesen werden, sondern sie wollen dabei begleitet werden, ihren **eigenen Weg** in der Erziehung zu finden. Das setzt eine radikale Achtung und Wahrnehmung bei den Pädagoginnen und Pädagogen für die unterschiedlichen Lebensweisen von Familien voraus. Auch dazu will das Buch anregen und ermutigen.

Köln, im Februar 2006 *Sigrid Tschöpe-Scheffler*

Inhaltsverzeichnis

Einleitung

Nicht das, was Expertinnen oder Experten oder „*die* Wissenschaft" für richtige oder falsche Erziehung halten, soll im vorliegenden Buch beschrieben werden. Auch nicht, wie „perfekte Eltern" ihre Kinder so trainieren können, dass sie gut funktionieren.

Stattdessen geht es um die Frage, wie Eltern den Blick auf ihre eigenen Stärken lenken können, um sie auszubauen und zu vertiefen.

Wenn es auch keine Antwort auf die Frage gibt, was eine gute Erziehung ist, so gibt es doch verschiedene Anhaltspunkte und Kriterien dafür, was eine entwicklungsfördernde Erziehung ausmacht. An diesen Kriterien können sich Eltern orientieren und in einem spannenden Prozess selbst herausfinden, welche dieser Dimensionen sich in ihrem Erziehungsalltag bewähren und welche noch ausbaufähig sind.

Ein ursprünglich im Auftrag der Frauenzeitschrift BRIGITTE und für diese Publikation stark erweiterter **Eltern-Orientierungs-Test** zur Wahrnehmung eigener Erziehungsstärken steht im Mittelpunkt des Buches (**Kapitel 4**). Er wird eingeleitet durch einen Beitrag mit dem Titel **„Elternermutigung" (Kapitel 1**), in dem wir uns von der allgemeinen „Elternschelte" bewusst distanzieren. Eltern haben viele Fähigkeiten, die sie aber selbst oft nicht als solche einschätzen oder sich nicht trauen, sie selbstbewusst im Umgang mit ihren Kindern einzusetzen. Der Frage, warum es gerade im Erziehungsalltag so schwer geworden ist, der „intuitiven Erziehungsvernunft" zu vertrauen anstatt sich auf Rezepte anderer zu verlassen, wird in **Kapitel 2** nachgegangen. Unter dem Titel **„Erziehung ist nicht kinderleicht"** wird von den veränderten Herausforderungen einer modernen Gesellschaft berichtet, denen sich Erwachsene und Kinder zu stellen haben und die nicht immer ohne Unterstützung zu bewältigen sind. **Jede Familie ist anders**, jedes Kind ist einzigartig und jede Situation einmalig. Schon daraus ergibt sich, dass es nicht für alle ***die*** richtige Erziehung geben kann. Aus diesem Grund werden in **Kapitel 3** einige Familienformen, die sich in den letzten Jahrzehnten entwickelt haben, genauer in den Blick genommen. Der „**Eltern-Orientierungs-Test“ im vierten Kapitel** gibt Vätern und Müttern die Möglichkeit, sich selbst mit dem, was sie gut können, genauer wahrzunehmen. Ein ausführlicher Auswertungstext will neben dem **Stärken-**Check dazu ermutigen, sich auch mit dem zu beschäftigen, was noch nicht so gut gelingt. Der Test kann auch unter Anleitung in Elternkursen oder in Beratungsstellen mit Eltern eingesetzt werden. Er dient in erster Line der Selbstanalyse und bietet Anregung für weitere Gespräche.

Wie erziehe ich richtig? Was kann, was muss ich tun und was lassen, damit mein Kind sich zu einer selbstbewussten, lebensfrohen und mitfühlenden Persönlichkeit entwickelt? Wie reagiere ich angemessen in Konflikten? Im **fünften Kapitel** werden neben den **„Fünf Säulen einer entwicklungsfördernden Erziehung“**, weitere Aspekte zusammengetragen, die das Erziehungsgeschehen beeinflussen. Auf die Frage, was Eltern brauchen (und meist auch schon haben), damit sie gut erziehen können, gibt es in dem Kapitel erste Antworten. Das kann z.B. die Fähigkeit zur Selbstreflexion sein oder das Wissen darüber, welche Entwicklungsaufgaben und Krisen zum Wachsen gehören. Das kann aber auch ein gut funktionierendes Netzwerk sein, in dem Eltern praktische und emotionale Entlastung erfahren.

Im **sechsten Kapitel** wird unter dem Titel „**Erziehung leben**“ die dialogische Begegnung als eine Grundlage für elterliche Erziehungsautorität vorgestellt. Gibt es ein pädagogisches Handwerkszeug oder Übungen für den Alltag, die erlernbar sind, damit die Erziehungsfähigkeiten gestärkt werden können? **Wo können sich Eltern Unterstützung für den Erziehungsalltag holen**? Davon soll die Rede im **siebten und achten Kapitel** sein.

Zum Abschluss **(Kapitel 9)** wird ein Interview mit der Herausgeberin abgedruckt: „**Erziehung war nie spannender als heute“,** das unter der Frage: Gibt es eine perfekte Erziehung? mit einer Redakteurin des Frauenmagazins BRIGITTE geführt wurde. Dieses Interview war der Anlass, über die Ausgangsfrage weiter nachzudenken und der Beweggrund dafür, dieses Buch zu schreiben.

Unser Dank gilt der BRIGITTE-Mitarbeiterin Julia Karnick, mit der die Idee zu diesem Eltern-Test entwickelt wurde und die den Test mit inhaltlichen Anregungen und sprachlichem Feingefühl begleitet hat. Wir danken außerdem der BRIGITTE-Chefredaktion, die den kostenlosen Nachdruck des eingangs erwähnten Interviews in diesem Buch gestattet hat. Unsere Verlegerin, Frau Barbara Budrich, hat unsere Begeisterung für das Thema geteilt, wie immer kritisch und humorvoll lektoriert und es ermöglicht, dass kurze Zeit nach Erscheinen des Brigitte Dossiers das Buch zur „Ermutigung von Vätern und Müttern" mit dem Titel: Perfekte Eltern und funktionierende Kinder? Vom Mythos der „richtigen" Erziehung vorliegen konnte.

1. Elternermutigung statt Elternschelte

Sigrid Tschöpe-Scheffler

Die Familie stellt nach wie vor die entscheidende „Werkstatt für die Persönlichkeitsbildung“ dar. Aktuelle Ergebnisse der Bindungsforschung weisen auf den Zusammenhang von „sicher gebundenen Kindern“ und deren Selbst- und Weltvertrauen hin. In den ersten Lebensjahren werden die wesentlichen Grundlagen dafür gelegt, wie Menschen sich und andere wahrnehmen, welches Selbstbild sie entwickeln, wie sie Lebenssituationen und Konflikte erleben und wie sie lernen, damit umzugehen. Die Familie nimmt dabei auf unterschiedliche Weise Einfluss auf die Entwicklung des Kindes.

Erziehung ist immer konkret und findet im Alltäglichen, Kleinen, Unspektakulären statt, dort nämlich, wo zusammen gelebt, gelehrt und gelernt, gestritten und sich wieder versöhnt wird, wo Erwachsene und Kinder gemeinsam essen, spielen, malen, basteln, wo Erwachsene Hausaufgaben anschauen und Vokabeln abhören, Tränen abwischen und trösten, die Kinder anhalten, rechtzeitig ins Bett zu gehen, wo Kinder schreiben, lesen, rechnen üben, wo diskutiert wird und der Fernsehkonsum, die Höhe des Taschengeldes oder die Ausgehzeiten festgelegt oder miteinander ausgehandelt werden …; dieses und viel mehr ist Erziehungsalltag und konfrontiert Eltern immer wieder mit neuen Herausforderungen, die einerseits mit Freude und Lebensmut bewältigt werden können, andererseits aber auch Konflikte und Belastungen mit sich bringen.

Erziehungsverhalten und *Einstellung der Eltern* zu sich selbst und zum Kind

In den letzten Jahrzehnten hat sich das, was unter Erziehung verstanden wird und damit auch die Rolle von Eltern und Kindern einschneidend verändert. Gab es noch bis Mitte des letzen Jahrhunderts klare Rollenzuweisungen für das Mutter- oder Vaterbild, geprägt durch Strenge und Dominanz der Eltern gegenüber ihren Kindern, so haben gesellschaftliche Strukturveränderungen seit der Industrialisierung bis zur Postmoderne diese Bilder gravierend verändert – und dies hat keineswegs nur negative Auswirkungen, wie mancherorts behauptet wird. Die Auflösung der elterlichen Rollenvorgaben und mit ihr der Verlust des Vertrauens in „Amtsautoritäten" hat bis in unsere heutige Zeit zu einer Liberalisierung geführt, die in den 60er Jahren des 20. Jahrhunderts in der Frage gipfelte, ob „Erziehung" überhaupt noch nötig sei. Tatsächlich ist der traditionelle Erziehungsbegriff, in dem das Kind zu Gehorsam und Anpassung diszipliniert werden soll, nicht mehr tragbar.

Insgesamt ist ein Bewusstsein dafür entstanden, dass Kinder individuelle Persönlichkeiten mit eigenen Vorstellungen, Meinungen und Wünschen sind, denen Erwachsene mit Achtung und Respekt zu begegnen haben.

Das Leben mit Kindern kann Weiterentwicklung und Lebendigkeit für das eigene Leben bedeuten, wenn die Herausforderungen durch Kinder als solche aufgenommen und zum Spiegel für eigene Persönlichkeitsstrukturen werden, die zur Selbstreflexion und zu Selbsterziehung genutzt werden. Es gibt wohl kaum einen Beruf, in dem Erwachsene so viel über sich erfahren und lernen können, wie in dem „Beruf der Elternschaft".

Immer wieder ist zu beobachten, dass es trotz vieler Mängel und Ärgernisse im Erziehungsalltag und gegenteiliger Behauptungen genügend Eltern gibt, die gerne erziehen, ihren Kindern Liebe und Zuwendung entgegenbringen und sich zuständig fühlen. Die meisten Eltern haben sich ihre Kinder gewünscht und wollen das Beste für sie. Nur – was ist das Beste und wie werden sie mit den Problemen, die sie mit ihren Kindern haben, fertig?

Trotz (oder gerade wegen?) einer verstärkten Sensibilität im Umgang mit ihren Kindern und einem zunehmenden Problembewusstsein fühlen sich dennoch immer mehr Eltern überfordert und orientierungslos und oftmals auch als „Erziehungsversager", wie eine Mutter in einem Elternkurs bekannte. Wie erziehe ich richtig? Was kann, was muss ich tun und was lassen, damit mein Kind sich gut entwickelt und zu einer selbstbewussten, lebensfrohen und mitfühlenden Persönlichkeit wird? Wie reagiere ich angemessen in Konflikten? Solche und ähnliche Fragen beschäftigen fast alle Väter und Mütter – und das nicht erst seit heute.

Nun scheint es heute tatsächlich schwieriger geworden zu sein, zu erziehen. Gesellschaftliche und familiäre Veränderungen und Unsicherheiten in der Lebensführung, mangelnde klare Wertorientierungen, Sinnverlust und nicht zuletzt der Einfluss der Medien als (Mit)-Erzieher haben dazu geführt, dass Eltern tatsächlich immer stärker verunsichert sind:

Erziehungskatastrophe oder *Ermutigungs*katastrophe?

Traue ich meinem Gefühl, meiner Intuition? Oder folge ich einem der vielen Erziehungsrezepte, wie sie von unzähligen Erziehungsratgebern, von der „Super Nanny“ oder in der ARD-Sendung „Der große Erziehungstest“ als ***die*** richtige Erziehung angeboten werden? Schnelle, eindeutige Lösungen sind zwar verlockend, aber sie sind den menschlichen langsameren Entwicklungsprozessen nicht angemessen.

Erziehung ist nicht nur ein Verhalten – **Erziehung ist eine Haltung**, die in Zusammenhang mit der eigenen Persönlichkeitsentwicklung steht und darum sind Selbstbeobachtung, Selbstreflexion und Selbsterziehung wesentliche Elemente des Erziehungsgeschehens. Das aber ist mühsam, ein langer Prozess und entspricht so gar nicht einer „Fastfood Pädagogik“, in der „ratz-fatz“, wie das Lieblingswort der Super Nanny aus der gleichnamigen RTL-Serie heißt, gehandelt werden soll.

Wie lässt sich der **aktuelle Trend zu schnellen, einfachen Rezepten,** die zurzeit in erster Linie wieder auf Disziplin und Gehorsam setzen, erklären?

Nachdem gegen Ende der 60er Jahre des 20. Jahrhunderts die autoritäre Erziehung von der antiautoritären Bewegung, vorerst noch als Idee, einige Jahre später auch real, weitgehend abgelöst wurde, begann sich in den 70er und 80er Jahren in den meisten Familien zunehmend der demokratische „Aushandelhaushalt“ zu etablieren. Statt des dirigistischen „Befehlshaushalts“ mit den Grundwerten Gehorsam, Disziplin und Ordnung hielt der partnerschaftliche Erziehungsstil (oft falsch verstanden als laisser-faire-Stil) Einzug in Familien. Eltern und Kinder sollten nicht nur die gleiche Würde haben, sondern auch gleiche Rechte. Die Erziehungswerte Selbstständigkeit, Kritikfähigkeit und Individualität erlangten zunehmend ein hohes Ideal.

In dieser „nachautoritären Phase“ wurde besonderer Wert auf die **Dimensionen Achtung, Liebe und Kooperation** gelegt. Grenzsetzung, klare Regeln und Konsequenz wurden mit dem autoritären Erziehungsstil in Verbindung gebracht, weswegen weitgehend aus pädagogischer Überzeugung darauf verzichtet wurde. Angesichts der Hilflosigkeit oder der Erziehungsverweigerung vieler Eltern und Lehrer bestimmten Kinder und Jugendliche nun ihrerseits die Regeln in den Familien und Klassenräumen und setzten mit aggressivem und gewalttätigem Verhalten ihre Dominanzposition durch.

Zu beobachten ist, dass es oft auch bewusst erziehenden Eltern, die keineswegs antiautoritär erziehen wollen, schwer fällt, konsequent zu sein und Grenzen zu setzen. Sie befürchten, die Liebe ihres Kindes und die Harmonie in der Familie zu verlieren. Viele haben auch keine Kraft, sich auf das anstrengende, nervenaufreibende „Aushandeln" einzulassen und überlassen vielfach schon sehr früh den Kindern das Regiment, werden zunehmend gleichgültiger oder schlagen zu, wenn die Dominanz der Kinder nicht mehr auszuhalten ist. Diese Motive aber, so verständlich sie auch sein mögen, hindern Kinder daran, soziale Spielregeln zu lernen und lassen sie mit ihrer Orientierungssuche allein. Die Folgen davon sind zum einen „auffällige" Kinder, die mit ihrem Verhalten darauf aufmerksam machen, dass wichtige Dimensionen in ihrer Erziehung vernachlässigt werden und zum anderen Eltern, die überfordert, hilflos und ihrerseits orientierungslos sind. Die Folge von Überforderung und Unsicherheit ist leider oft Gewalt. Wenn Eltern an ihren Erziehungsfähigkeiten zweifeln, rutscht ihnen schneller die Hand aus, erniedrigen und beschimpfen sie ihr Kind oder drohen ihm massiv. Immer mehr Eltern sagen von sich, dass sie kein Zutrauen mehr in ihre Erziehungsautorität hätten. In der Vergangenheit haben sie mit ihrem Erziehungsverhalten zu selten die Erfahrung gemacht, dass sie etwas erreichen können und ihre Kinder sich kooperativ verhalten. Das entmutigt und führt dazu, dass Eltern sich nicht mehr mit sich und ihren Kindern auseinandersetzen wollen und können und vieles einfach durchgehen lassen. Das ist sowohl für die Familienatmosphäre als auch für die weitere Entwicklung der Kinder fatal.

Was liegt da näher, als jetzt vehement das einzufordern, was bisher so wenig Bedeutung im Erziehungsgeschehen hatte: **Regeln, Grenzen, Konsequenzen**, manche fordern gar wieder „Zucht und Ordnung", damit dem aktuellen „Erziehungsnotstand" oder gar der „Erziehungskatastrophe" Einhalt geboten werde. Die einseitige Fokussierung auf das, was alles nicht gelingt, ermöglicht allerdings wenig Selbstvertrauen und

Zuversicht in die eigenen Kräfte und Möglichkeiten, von denen Eltern ahnen, dass sie diese dennoch haben. So sagte eine Mutter, sie erwarte von einem Erziehungskurs, den sie besuchen wolle, keine Expertenratschläge, die habe sie schon zur Genüge in ihrem Bücherregal stehen. Sie wünsche sich stattdessen, ihr „eigenes Erziehungsschatzkästlein" wieder zu aktivieren, um sich mit dem, was sie weiß und kann, wieder selbstsicherer zu fühlen. Diese Mutter hat etwas Entscheidendes gespürt: **Elternschelte und Defizitzuschreibungen sind ebenso wenig dazu geeignet, Mut zu machen, den eigenen Weg zu gehen, wie die Flut der Erziehungsratgeber mit Patentrezepten der so genannten Erziehungsexperten und Expertinnen.**

Das Prinzip der Super Nanny (vgl. Tschöpe-Scheffler 2005c), die **die** richtigen Lösungen für ein Problem vorgibt, funktioniert schnell und ist einfach: Die Superpädagogin zieht für ein paar Tage zu den verzweifelten Familien, die bei RTL um Hilfe nachgesucht haben. Die Expertin (Diplom Sozialpädagogin) beobachtet dort mit schüttelndem Kopf und sichtbar entsetzt die chaotischsten Familiensituationen: spuckende, beißende, tretende und schreiende Kinder, Eltern, die gleichgültig wegschauen, ihre Kinder schlagen oder weinend daneben stehen.

Das Prinzip der Supernanny

Die Kamera hält drauf und 4-5 Millionen Zuschauer (Einschaltquote im Jahr 2004) kennen jetzt Florian oder Fabienne, die „kleinen Monster", sehr genau. Der Zuschauer gewinnt den Eindruck, dass diese Kinder keine positiven Seiten haben und die Mütter und Väter Opfer ihrer aggressiven Kinder sind. Erst mit Hilfe der klaren Regeln, Strukturvorgaben und simplen Erziehungsstrategien, die die Super Nanny den Familien überstülpt, beginnt der Alltag sich wieder zu ordnen und am Ende der Sendezeit werden den Zuschauern idyllische Familienbilder vorgeführt: die Kinder spielen fröhlich und die erleichterten Eltern schauen liebevoll auf ihre Kleinen. Im eigenen Erziehungsalltag greifen Erziehungsrezepte nur kurzfristig oder gelingen gar nicht, wenn sie aufgesetzt sind und nicht mit der *inneren Haltung* übereinstimmen.

Die Eltern-Kind-Beziehung könnte dann zu einer künstlichen, professionalisierten, nach Lehrbuch strukturierten pädagogisch-therapeutischen Beziehung werden, in der das selbst gestaltete und selbst verantwortete Elternverhalten keinen Raum mehr hat. Verantwortung zu

Erziehungsrezepte

übernehmen bedeutet auch, eigene Antworten zu geben. Das Vertrauen in eine lebendige Beziehung, in der sich Vater und Mutter als Personen zeigen, ist von daher dem Erziehungsgeschehen wesensnäher als ein pädagogisches Prinzip, das aus Erziehungsstrategien besteht, die von „Erziehungsspezialisten" vorgegeben werden. Wenn wir betonen, dass Eltern ihrem eigenen Weg in der Erziehung vertrauen sollen, wollen wir damit keineswegs sagen, dass sie das allein tun sollen. Im Gegenteil! Erziehungsmethoden, mit denen sich Stress und Konflikte im Familienalltag bewältigen lassen, kann sich prinzipiell jeder aneignen, ähnlich wie Personalführung oder Management. Die Frage ist nur, ob die Methoden dazu führen, sich auch mit sich und der individuellen Erziehungssituation auseinandersetzen zu können, um dann einen eigenen Weg finden zu können oder ob sie vor allem schnelle Erziehungsstrategien anbieten.

Welche Kriterien haben Eltern, um entscheiden zu können, welche der angebotenen Lösungsmöglichkeiten und Erziehungshilfen für sie und ihre Situation tatsächlich hilfreich sind? Welche Voraussetzungen müssen vorhanden sein, damit Erziehung und Beziehung gelingen können? Beide Fragen werden im Rahmen dieses Buches aufgegriffen und diskutiert.

Ein wesentliches Kriterium dafür, dass Eltern sich (wieder) ihrer Erziehungsautorität bewusst werden ist, dass sie ihre eigenen Stärken und Schwächen kennen und wissen, welche Werte ihnen persönlich in der Erziehung wichtig sind.

In einer Befragung, die im Institut für Kindheit, Jugend und Familie an der Fakultät für Angewandte Sozialwissenschaft in Köln mit Vätern und Müttern durchgeführt wurde (Tschöpe-Scheffler 2005b), konnte festgestellt werden, dass die befragten Eltern irgend etwas (meist sehr viel) sehr gut können: so gibt es Mütter und Väter, die gut trösten oder kuscheln können, andere können einfühlsam zuhören, die Fragen ihrer Kinder gut aufgreifen und mit ihnen nach Antworten suchen. Es gibt Väter, die besonders humorvoll und witzig sind und mit ihren Kinder basteln, malen oder kochen und Mütter, die besonders geduldig sind (oder umgekehrt!). Manche Eltern sind besonders gut, wenn es darum geht, mit ihren Kindern zu spielen, zu toben und zu lachen und andere schaffen es, sich hin und wieder abzugrenzen und ihren Kindern Orientierung zu geben.

Leider nehmen Eltern aber oft gerade diese Stärken nicht richtig wahr oder schätzen sie viel zu gering ein. Viele Eltern waren durch die Frage, was sie selbst glauben, besonders gut in der Erziehung zu können, erst einmal irritiert. Ihnen fielen gerade nicht zuerst ihre Stärken ein, sondern sie benannten Schwierigkeiten und Schwächen und das, was ihnen, ihrer Meinung nach, an erzieherischer Kompetenz fehlte. Erst durch weitere Nachfrage und durch Beispiele aus dem Erziehungsalltag zählten Eltern eher zögernd ihre Fähigkeiten im Umgang mit den Kindern auf.

Dabei könnten Eltern aus dem, was ihnen leicht fällt und gut gelingt, Kräfte für das ziehen, was noch Schwierigkeiten bereitet. Gerade in schwierigen Situationen vergessen Eltern oft ihre eigenen Kompetenzen und sehen auch bei ihrem Kind vieles zu negativ.

Wurden übrigens die Kinder gefragt, was ihre Eltern gut können, wussten diese sehr viel zu erzählen: „Ich finde toll, dass mein Papa so gut Auto fahren kann! Meine Mama backt die besten Pfannkuchen der Welt. Mit Mama schmuse ich gerne! Mein Papa ist stark und groß! Meine Mutter kann gut zuhören und trösten, wenn ich Probleme habe. Mein Vater hilft mir bei Hausaufgaben, das kann er richtig gut!" Die Liste könnte endlos fortgesetzt werden.

Neben dem Mut, eigene Wege im Familien- und Erziehungsalltag zu finden, bedarf es auch des Vertrauens darauf, dass es eine „intuitive Elternvernunft" geben könnte, die, wenn sie aktiviert ist, weiß, was in der jeweiligen Situation angemessen ist.

Intuitive Eltern-vernunft?

Das Psychologenpaar Papoušek (1996) konnte in vielen Beobachtungen zur Interaktion zwischen Eltern und ihren Babys belegen, dass es „intuitive elterliche Verhaltensbereitschaften" gibt. Um mit einer „intuitiven Elternvernunft" erziehen zu können, benötigen Eltern „Herz, Kopf und Hand", wie es der Pädagoge Johann Heinrich Pestalozzi schon im 18. Jahrhundert beschrieben hat. Damit ist zum einen die mütterliche und väterliche Liebe dem Kind gegenüber angesprochen (Herz), die allerdings durch genaue und differenzierte Wahrnehmung und die Kraft des Verstandes (Kopf) dazu „veredelt" (Pestalozzi) werden muss, aus einer (über)fürsorglichen oder symbiotischen Liebe zu einer sehenden, denkenden zu werden. Erst eine wahrnehmende Liebe verhilft dem Kind zu Autonomie und zur

Selbstwerdung. Sie ermöglicht dem Kind Geborgenheit und Bindung (Wurzeln) und lässt ihm genügend Erfahrungs- und Freiraum, um seine Flügel zu erproben (Tschöpe-Scheffler 2002a). Auch ein Wissen über Entwicklungsphasen des Kindes, über die Folgen von Erziehungs- und Bindungsstilen oder familiensystemische Zusammenhänge bestimmter Konflikte kann im Erziehungsalltag entlastend wirken. Mit Hilfe eines speziellen „Handwerkzeugs", können dann für die alltäglichen Entscheidungen, Krisen und Probleme in der Familie, Verhaltensweisen erlernt werden, die mit dazu beitragen, eine gute Beziehung aufbauen zu helfen. Hierzu gehören das Erlernen einer entwicklungsfördernden Kommunikation, der Einsatz von Regeln, Grenzsetzungen und Konsequenz ebenso wie die Schulung der Wahrnehmung, Selbstreflexion und Selbsterziehung. Hilfreich ist es auch, sich mit anderen Eltern auszutauschen, ins Gespräch zu kommen, zu erfahren, dass andere Menschen ähnliche Probleme haben und zu hören wie andere Eltern ihre Probleme lösen.

Nicht perfekt – aber gut genug!

Väter und Mütter sind Menschen, die sich freuen können oder traurig sind, wütend, ungeduldig oder aufmerksam und zärtlich sein können. Kinder, die Erfahrungen mit der ganzen Gefühlsskala ihrer Eltern machen können und nicht pädagogisch kontrollierten Attitüden begegnen, werden selbst ihre Gefühle wahrnehmen lernen. Ein Elternverhalten, das echt und „unprofessionell" ist, bedeutet kein hemmungsloses und unkontrolliertes Ausagieren, aber eben auch kein, nach vorgegebenen Erziehungsrezepten, gestaltetes Handeln. Wenn Eltern sich bewusst pädagogisch verhalten wollen, besteht die Gefahr, dass sie für ihre Kinder keine lebendigen und echten Gegenüber sind und die natürliche Umgangsweise zu einer Professionalisierung der Elternrolle wird. Stattdessen geht es darum, mit Kindern in eine echte Begegnung und Beziehung zu kommen, in der Eltern sich als individuelle Personen einbringen und Kinder als Persönlichkeiten wahrgenommen und geachtet werden. Das heißt nicht, dass Eltern „Kumpel" ihrer Kinder werden sollen, denn gleichermaßen gehört zu der Elternaufgabe, eine „elterliche Präsenz" zu zeigen und Erziehungsautorität wahrzunehmen. Wie „echte" Beziehung und Erziehungsautorität zusammen gelebt werden können, soll ausführlicher in Kapitel sechs „Erziehung leben", beschrieben werden.

Eine wesentliche Grundvoraussetzung von Erziehung ist es, in Beziehungen zu leben, die „gut tun“. Dadurch können Erfahrungen und Umgangsweisen im Umgang mit den existentiellen Lebensthemen des Menschen, wie Glück und Trauer, Liebe und Leid, Leben und Sterben erfahren und erlernt werden.

Zwischen der Lebenszufriedenheit eines Menschen und seinem Selbstvertrauen in die eigenen Fähigkeiten gibt es einen großen Zusammenhang. Wer das Gefühl hat, gut (genug) zu sein, wer weiß, was er kann und bewirken kann, ist weniger unsicher und unzufriedener als derjenige, der das Gefühl hat, ungenügend und defizitär zu sein. Das gilt für Eltern ebenso wie für Kinder. Darum haben „starke Eltern auch starke Kinder“, weil sie ihre eigenen Kompetenzerfahrungen an ihre Kinder weitergeben können.

Vertrauen in die eigenen Fähigkeiten

Je besser Eltern ihre eigenen Potentiale kennen und diese auch selbstbewusst einsetzen, desto eher sind sie in der Lage, sich auch mit ihren Unzulänglichkeiten auseinanderzusetzen. Ob für ein Individuum eine Anforderung als Belastung oder als kreative Herausforderung erlebt wird, hängt von unterschiedlichen Faktoren ab, nicht zuletzt auch von dem Zusammenwirken seiner persönlichen kognitiven, sozialen und emotionalen Ressourcen. Die Entwicklung, Unterstützung und Sicherung dieser Kompetenzen wird von daher immer wichtiger.

Die Frage allerdings, welche Fähigkeiten Eltern bereits haben und wie sie diese in der Erziehung umsetzen, wird selten gestellt. Wir wollen Anregungen dafür geben, wie Eltern ihre Stärken selbst erkennen und im Erziehungsalltag nutzen können.

Zuerst soll allerdings der Frage nachgegangen werden, warum Erziehung heute trotz vieler Fähigkeiten, die jede Mutter und jeder Vater hat, dennoch so schwierig geworden ist. Das hat nicht nur mit individuellen Schwächen und mangelnder Erziehungskraft zu tun, sondern liegt auch an den erschwerten Anforderungen unserer Zeit. Im Anschluss daran soll deutlich gemacht werden, wen wir meinen, wenn wir heute von „Familie“ sprechen. Jede Familie ist anders (siehe Kapitel 3) jedes Kind ist einzigartig und jede Situation einmalig. Schon daraus ergibt sich, dass es nicht für alle **eine** richtige Form von Erziehung geben kann.

2 Erziehung ist nicht kinderleicht

Sigrid Tschöpe-Scheffler

Erziehungsdruck

Familien sind heute mit Herausforderungen konfrontiert, die so vielschichtig und komplex sind, dass sie kaum mehr alleine zu bewältigen sind. Eltern stehen, anders als jede Generation vor ihnen, unter einem enormen Erziehungsdruck. Gründe dafür sind zum einen im gesellschaftlichen Wandel und durch diesen in gewandelten Familienformen und Lebensbedingungen zu suchen, aber auch in dem veränderten Stellenwert von Erziehung.

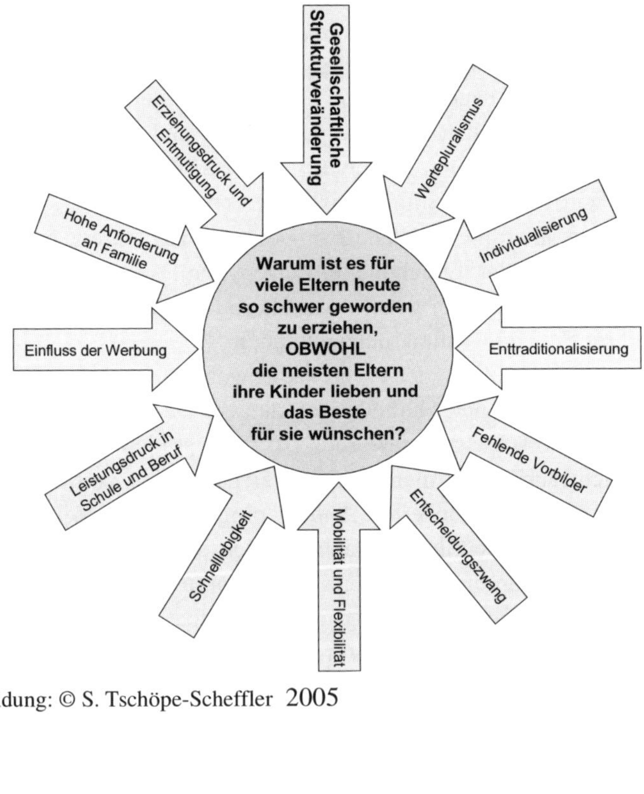

Abbildung: © S. Tschöpe-Scheffler 2005

Veränderungen von Familienformen, die in Kapitel drei besprochen werden, stehen in einem engen Zusammenhang mit drei Stichworten, die nicht nur den Wandel der Familie, sondern insgesamt den Wandel unserer modernen Gesellschaft kennzeichnen und demnach auch Auswirkungen auf Erziehungsprozesse und Familienbeziehungen haben:

- Individualisierung
- Pluralisierung
- Enttraditionalisierung

Mit dem Fortschreiten der Industrialisierung während des 19. Jahrhunderts begannen sich, durch die Trennung von Arbeits- und Familienleben, zunehmend traditionelle Bindungen aufzulösen. Hierdurch verlor vor allen die Familie mit ihren zentralen Fürsorgeaufgaben für Kranke, Alte, Kinder, Alleinstehende und Behinderte und ihrem Lebens- und Arbeitszentrum an zentraler Bedeutung. Mit der Einführung der Marktwirtschaft, die die Agrar- und Handwerksgesellschaft ablöste, und durch die Einführung eines Versicherungssystems waren Menschen immer weniger gezwungen, sich über die Zugehörigkeit zu ihrer Familie oder ihrer sozialen Klasse definieren zu müssen. Stattdessen ist in einer komplexer gewordenen Welt Eigenverantwortlichkeit und individuelle Initiative gefragt, nach dem Motto: „Jeder ist seines Glückes Schmied.“ **Individualisierung** bedeutet, seine Lebensentscheidungen nicht nur selbst treffen zu können (worin eine Chance gegenüber den festgelegten Vater-, Mutter-, Kind-Rollen der traditionellen Familien liegt), sondern auch treffen zu **müssen.** Die Folgen sind ein immer größer werdender Entscheidungszwang in fast allen Alltags- und Lebenssituationen und die Aufhebung traditioneller Vorgaben, vor allen Dingen in existentiellen Lebens- oder Erziehungsfragen. Vorbilder für eine „gelungene Lebensgestaltung“ oder für Krisenbewältigungsstrategien waren in traditionellen Familien vornehmlich die älteren Familienangehörigen. Diese Vorbilder fehlen vielen Erwachsenen weitgehend, weil das Leben heute nicht nur andere Anforderungen an die Gestaltung mit sich bringt als noch vor 30 Jahren, sondern die älteren Familienmitglieder gleichermaßen auf der Suche nach ihrer Lebensform sind. So wird die Lebensführung immer mehr zu einem „individualisierten Projekt“, das oft als anstrengend, kompliziert und mühsam erfahren wird. Das verstärkt nicht nur die Unsicherheit im eigenen Lebensvollzug, sondern auch in den Alltagsleistungen, zu denen Erziehung gehört.

Individualisierung: Chancen und Risiken

Durch die Ablösung eines traditionellen Wertesystems zugunsten eines pluralistischen, wird der einzelne für sich und seine Lebensentscheidungen selbst verantwortlich gemacht. Die Entscheidungsvielfalt bedeutet einerseits die Chance, sein eigenes Leben gestalten zu können, andererseits stehen immer viele Möglichkeiten zur Verfügung, die, wenn man sich richtig entscheiden will, umfangreicher Informationen bedürfen, die gegeneinander abgewogen und ausgewählt werden müssen und die im Zuge von Entscheidungszwängen auch zum Scheitern führen können (vgl. Beck-Gernsheim 2000, S. 19). Besonders hart trifft das Menschen, die aufgrund ihrer finanziellen, gesundheitlichen oder bildungsbenachteiligten Situationen weniger Möglichkeiten für die individuelle Gestaltung ihres Lebens haben und die für ihr Scheitern selbst verantwortlich gemacht werden. Demnach hätte z.B. eine alleinerziehende Mutter, die sich in einer finanziellen Notsituation befindet, nach dieser Individualisierungsthese andere Möglichkeiten gehabt, sich zu entscheiden: den Vater des Kindes zu heiraten oder mit ihm zusammenleben können, die Schwangerschaft verhüten oder abtreiben können, ihr Kind zur Adoption oder bei den Eltern abgeben können.... etc. Da sie diesen Weg (frei?) gewählt hat, ist sie dementsprechend auch selbst verantwortlich (selber schuld!) für ihre finanzielle Notlage. Ein solcher Bewertungsmaßstab belastet die Mutter zusätzlich. **Lebensformen** sind nicht unbedingt frei gewählt, sondern durch Trennung und Scheidung, Krisen, Krankheiten finanzielle Notsituationen oder Benachteiligungen entstanden.

Spätestens seit Ulrich Becks Thesen in „Riskante Freiheiten" (vgl. Beck, Beck-Gernsheim, 1994) ist bekannt, dass die Vorgaben einer „Normalbiographie" oder einer „Normalfamilie" nicht länger als Bezugspunkte dienen können. Ohne Stütz- und Leitlinien, zu denen auch Wertorientierungen und normative Vorgaben gehören, entwickelt sich die Lebensführung immer mehr zu einem individualisierten Projekt, bei dem die Möglichkeiten zum Scheitern zunehmen. Durch die Herauslösung aus traditionellen Sozialformen, die sich u.a. durch autoritäre Vorgaben und Versorgungszusammenhänge ergaben, stellte sich ein Verlust von vorgegebenen Sicherheiten im Hinblick auf Handlungswissen, Glauben und leitende Normen dar, die zu Handlungsunsicherheiten führten. Menschen sind in solch einer Phase geradezu darauf angewiesen, nach einer neuen Art der sozialen Einbindung suchen zu müssen. Der Einzelne hat sich somit in wichtigen Lebens- und Erziehungsfragen immer **für** und gleichzeitig **gegen** vieles andere zu entscheiden. Die Entscheidungsfindung kostet nicht nur Kraft und Zeit, sondern erfordert auch Kooperationsfähigkeit sowie eine hohe psychische Stabilität.

Sehnsucht nach einfachen Antworten

Mit der Individualisierung des Lebensweges und der Lebensformen wird die Identität zu einer Leistung, die der Einzelne im Austausch mit anderen je nach Situation aktiv herstellen muss. Wem Entscheidungsgrundlagen für sein Leben fehlen oder wer sich überfordert fühlt, aus den vielen Lebensmöglichkeiten immer wieder (richtig) auswählen zu müssen, erlebt sich eher als unsicher, ohnmächtig den Situationen ausgeliefert und orientiert sich häufiger an dem, was andere sagen und tun. Je stärker Menschen sich mit ihren Entscheidungen allein gelassen und überfordert fühlen, desto größer kann die Sehnsucht nach einfachen, schnellen Antworten und starken Persönlichkeiten werden. Je mehr das Individuum aber fremden Antworten vertraut, desto eher entfernt es sich von seiner eigenen Individualität. Kinder und Eltern benötigen von daher gleichermaßen Orientierungshilfen in Form von Entscheidungskriterien, Unterstützungen und Ermutigung, um ihrer eigenen Individualität entsprechend ihren Lebensweg finden und ihre Entscheidungen treffen zu können.

Durch die veränderten gesellschaftlichen Bedingungen muss sich jeder Einzelne in langwierigen Aushandelprozessen mit sich selbst und mit anderen aus dem großen Angebot der Lebensmöglichkeiten seine eigene Biographie zusammensetzen. Der Psychologe Keupp spricht in diesem Zusammenhang von einer „Patchwork-Identität" (1997, S. 11).

Eine Voraussehbarkeit und Planung, z.B. im Hinblick auf die Schullaufbahn und Berufskarriere eines Kindes, wird immer weniger möglich, da zum Zeitpunkt des Schuleintritts oder der Studienwahl nicht absehbar ist, ob z.B. genügend Arbeitsstellen in dem angestrebten Beruf bei Ausbildungsende zur Verfügung stehen werden oder es diesen Beruf überhaupt noch geben wird. Fähigkeiten, wie Flexibilität und Mobilität, der Aufbau von sozialen Beziehungen, Konfliktfähigkeit, Kreativität und Selbstorganisation sind in einem weitaus höherem Maße als bisher erforderlich, wenn es darum geht, seinen individuellen Lebensweg zu finden. Eindeutige, normative Lebensplanvorgaben hierzu, die mit der Auswahl eines bestimmten Kindergartens beginnen, der mit einem konkreten Vorschulprogramm die Schulkarriere in einer bestimmten Schule vorbereiten und mit dem Abschluss eines Studiums in dem angestrebten Beruf münden soll, der dann bis zur Pensionierung ausgeübt wird, gibt es nur noch selten.

Die wenigsten Menschen können davon ausgehen, ihren einmal erlernten Beruf vierzig Jahre in der gleichen Firma ausüben zu können. Durch die rapide Weiterentwicklung von Wissenschaft und Technik, die lebenslanges (nicht nur berufliches) Lernen und Weiterbildung erfordert, durch Arbeitslosigkeit, Wohnortwechsel, Arbeitsplatzveränderungen, durch instabile Partnerbeziehungen oder Familienauflösungen können schnell unerwartet neue Lebenssituationen entstehen, denen sich Kinder und Erwachsene gleichermaßen zu stellen haben. Da das Leben immer weniger in vorgezeichneten Bahnen verläuft, werden Menschen häufiger mit der Ambivalenz von Entscheidungszwang und Entscheidungsfreiheit umgehen lernen müssen.

Es ist zu erwarten, dass immer mehr Menschen, teils freiwillig, teils gezwungenermaßen, in Lebensphasen geraten, die instabil geworden und darum neu zu organisieren sind (vgl. Beck-Gernsheim 2000, S. 19).

Entwicklungsprozesse brauchen Zeit und Geduld

Schwierigkeiten für das eigene Leben als Erwachsener, aber besonders für die Entwicklung von Kindern können sich dann ergeben, wenn Familien den gesellschaftlichen Anforderungen an Flexibilität und Mobilität so stark ausgesetzt sind, dass stabile Lebensverhältnisse bedingt durch Trennung, Scheidung, häufigem Umzug verbunden mit Schul- und Freundeswechsel, Arbeitslosigkeit etc., nicht mehr gewährleistet sind. In einer schnelllebigen Gesellschaft, die sich um das existentiell Menschliche, nämlich um Zeit und Geduld für das langsame Werden von Entwicklungen und Entwicklungsaufgaben, von Bindungserfahrungen und Verbindlichkeiten zu bringen scheint, könnte es eine wesentliche Erziehungsaufgabe sein, gerade diese Werte im Alltag mit Kindern wieder zu gewährleisten und verlässliche Geborgenheitsorte für Kinder und Erwachsene zu bewahren oder zu schaffen. Gegen den Zeitgeist erziehen zu wollen und gleichzeitig selbst als Erwachsener im Zwang dieser gesellschaftlichen Anforderungen zu stehen, bedeutet für viele Eltern, einem zusätzlichen Druck ausgesetzt zu sein. Positiv und entwicklungsfördernd gesehen könnte dieser Druck aber auch die Suche nach Entlastungsmöglichkeiten und Orientierungen freisetzen und damit eine Suche nach eigenen Antworten werden. Berufstätige Eltern z.B., deren Tagesablauf mit kleinen Kindern besonders gut organisiert und strukturiert sein muss, kommen schnell in Verzug, wenn etwas außerplanmäßig geschieht, sei es, dass die Tagesmutter nicht pünktlich kommt, ein Kind oder man selbst krank wird. Wenn diese Eltern schon frühzeitig soziale Bindungen zu Freunden oder „Wahlverwandten“ aufgebaut und sich selbst dort auch schon engagiert haben, wird es ihnen leichter fallen, auf Freundschaften in Notfällen zurückgreifen zu können.

Netzwerke können Eltern entlasten

Die Herauslösung aus historisch vorgegebenen sozialen Bindungen, wie sie in der Großfamilie noch vorhanden waren, bringt eine weitgehende Isolierung der Kleinfamilie mit sich, in der es an Netzwerken fehlt, die zur Entlastung und Stabilität beitragen könnten. In einer Elternbefragung, die vom Staatsinstitut für Familienforschung an der Universität Bamberg erhoben wurde, gaben 57% der Interviewten an, dass sie mit dem Partner oder der Partnerin, 54% mit Freunden und Bekannten und 50% mit Verwandten über Erziehungsschwierigkeiten sprechen (Smolka 2002, S. 12). In einer Stichprobenerhebung des Instituts für Kindheit, Jugend und Familie Köln gaben immerhin 12,4% der Befragten an, spontan keine Person zu kennen, an die sie sich wenden konnten, falls sie mit ihren Kindern Probleme haben (Mörs-Hoffman 2005).

Aber gerade soziale Netzwerke sind für die Entlastung und Verteilung von Erziehungsaufgaben besonders wichtig.

Die Elternschaft ist im Gegensatz zur Partnerschaft unauflöslich, d.h. Vater und Mutter bleibt man ein Leben lang, auch bei Konflikten und Krisen mit dem Kind. Während eine Partnerschaft als etwas Wählbares verstanden wird und auch wieder aufgegeben werden kann, ist Elternschaft überdauernd, da sich weder Eltern ihre Kinder noch Kinder ihre Eltern selbst ausgesucht haben. Die Elternrolle beruht demnach auf Stabilität, was ein Gefühl der Unvereinbarkeit mit den Anforderungen der modernen Gesellschaft bedeuten kann, die ja gerade Flexibilität und Mobilität erwartet. Konflikte mit der Rolle als Vater oder Mutter können insbesondere dann bestehen, wenn sich diejenigen, die keine Elternrolle ausfüllen, ihre Wohnorte, ihr Berufsleben, ihr Konsum- und Freizeitverhalten weitestgehend selbst aussuchen und ihr Leben vermeintlich frei gestalten können, während Eltern insbesondere mit kleinen Kindern, und hier vor allem die Mütter, durch die Erziehungsverantwortung in ihrer Entscheidungsfreiheit stark eingeschränkt sind. Dies führt vor allen Dingen dann, wenn es keine Entlastung durch andere Menschen gibt, in Krisensituationen mit den Kindern oder dem Partner zu einem Gefühl von Einengung, Depression und/oder zum Ausbruch aus der Verantwortung.

Räume der Geborgenheit

Häufig führen die modernen, schnelllebigen und unüberschaubaren Lebenssituationen gerade in der Anfangsphase der Familiengründung dazu, die Partnerschaft und die Familienbindung mit einer unrealistischen Erwartung an Stabilität, Geborgenheit und Sicherheit zu überlasten. Werden die unrealistischen Hoffnungen enttäuscht, müssen Neuorientierungen, die oft schmerzhaft sind, herbeigeführt werden. Nicht immer gelingt das und auch hier stehen Chance und Scheitern von Individualisierungs- und Pluralisierungsprozessen dicht nebeneinander. Gleichwohl gehört es zur wesentlichen erzieherischen Aufgabe der Familienerziehung, sichere Orte und Räume zu ermöglichen, an denen individuelle Geborgenheit und ein verlässliches zuhause zu finden sind. Hiermit ist nicht in erster Linie die äußere Wohnqualität gemeint, sondern die von Menschen belebte und gestaltete Atmosphäre, die über die architektonische Form eines Raumes noch hinausgeht und in der Bindungserfahrungen und Vertrautheit möglich werden. Orte, die von Kindern in Besitz genommen, eingerichtet und mitgestaltet werden können, bieten Identifizierung und werden als eigene Räume der Geborgenheit erlebt. Erwachsene sind auch in dieser Hinsicht Vorbilder dafür, wie sie es schaffen, eine wohltuende Lebens- und Wohnatmosphäre zu gestalten, die eine Gegenwelt zu den Strukturen in der Wirtschaft- und Arbeitswelt darstellt.

Zu erwähnen wäre des Weiteren noch der demographische Wandel der letzen Jahrzehnte. Die Altersstrukturen haben sich einerseits durch einen Geburtenrückgang, andererseits durch die steigende Lebenserwartung verändert. Es gibt weniger Kinder und mehr ältere und alte Menschen. Die gemeinsamen Lebenswelten und damit die Berührungspunkte zwischen Erwachsenen und Kindern nehmen ab, was zu einer zusätzlichen Verunsicherung im Erziehungsverhalten führen kann. Vielen Eltern fehlen entwicklungspsychologische bzw. pädagogische Kenntnisse und, da sie selbst als Einzelkinder aufgewachsen sind, fehlen ihnen oft auch Erfahrungen im Umgang mit Kleinkindern. Das sind weitere Gründe dafür, dass Eltern die Kindererziehung zunehmend als schwierig und überfordernd erleben.

In den letzten Jahrzehnten gab es einen Wandel vom „Befehls-" zum „Aushandelhaushalt". Eltern setzen ihre Interessen nicht mehr einfach durch, sondern versuchen, sie mit denen der Kinder abzustimmen. Eltern sind weitgehend bemüht, auf die Bedürfnisse und Gefühle ihrer Kinder einzugehen und verfügen im Allgemeinen über mehr Empathie als Elterngenerationen vor ihnen. Das, was auf den ersten Blick durchaus positiv sein kann, hat auch eine problematische Seite, die darin liegt, dass viele Eltern die perfekte Erziehung anstreben.

Erziehung als Hochleistungsprogramm

Ein Hochleistungsprogramm von Eltern und Kindern wird in manchen Familien durchgezogen, das einem Wettbewerb um den besten Kindergartenplatz, die beste Schulbildung, den besten Arbeitsplatz und überhaupt um die beste Stellung in der Gesellschaft gleicht. Eltern, die der Überzeugung sind, dass sie die Weichen für die Karriere und die Zukunft ihrer Kinder schon möglichst früh stellen müssen, üben auf sich und ihre Kinder einen Druck aus, der zu Stresssymptomen bereits im Grundschulalter führt. Untersuchungen zufolge leiden bereits fast 40% der Grundschulkinder darunter (Rolff/Zimmermann 1997, S. 40).

Dieser psychische Druck stellt eine Form von Erziehungsgewalt dar, der sich viele Eltern nicht bewusst sind.

Aus Überforderung, Unwissenheit oder Unsicherheit kann psychischer Druck schneller entstehen als da, wo Eltern sich ihrer Lebenssituation nicht ausgeliefert und ihrer Erziehungsaufgabe gewachsen fühlen.

Mit dem Gesetz zur Ächtung der Gewalt in der Erziehung und der damit verbundenen Kampagne des Bundesfamilienministeriums wurde bereits im Jahr 2000 ein entscheidender Schritt zur Vorbeugung von Gewalt gegenüber Kindern getan. Laut § 1631 II BG haben Kinder ein Recht auf eine gewaltfreie Erziehung. Sie sollen nicht nur vor „körperlicher Bestrafung“, sondern auch vor „seelischen Verletzungen“ und anderen „entwürdigenden Maßnahmen“ geschützt werden. Dieser Schutz soll Kinder vor entwicklungshemmenden Erziehungspraktiken bewahren und Eltern gleichzeitig Hilfe und Unterstützung durch Familienbildungsangebote und Familienberatung anbieten.

In letzter Zeit haben sich die Angebote diesbezüglich für Eltern und Familien vervielfacht (siehe Kapitel 8) und es ist angesichts der hier beschriebenen gesellschaftlichen Veränderungen sinnvoll, diese Angebote auch zu nutzen. Längst sind diese nicht in erster Linie für „schwierige Erziehungsfälle“ vorgesehen, sondern werden **allen Eltern** angeboten, damit sie, angesichts der erschwerten Erziehungsbedingungen, Unterstützung und Hilfe bekommen.

Eltern brauchen Ermutigung

Eltern sollte nicht nur Mut gemacht werden, sondern es sollte ihnen auch der Zugang zu den vielfältigen Angeboten erleichtert werden, damit Erziehung auch in „schwierigen Zeiten“ Freude macht und gelingen kann. Unterstützung für entwicklungsförderndes Erziehungsverhalten und der Austausch mit anderen Eltern stehen im Vordergrund dieser Maßnahmen. Es muss zu denken geben, dass es in keinem anderen Beruf so wenig Aus-, Fort- und Weiterbildung gibt, wie in dem überaus verantwortlichen Beruf der Elternschaft.

3. Jede Familie ist anders

Elli Jonuz/Andre Bornhöfft

Die Sehnsucht danach, eine ganz „normale Familie“ sein zu wollen, haben bereits kleine Mädchen und Jungen! Sie spielen täglich im Kindergarten ihre Rollenspiele „Vater, Mutter und Kind“ – übrigens auch Kinder aus Ein-Eltern-Kind-Familien (Alleinerziehende).

Auf Hochzeitsfotos, in Zeitschriften und der Werbung strahlen uns die ewig glücklichen Familien entgegen.

Traumbilder von Familie

Diese Traumbilder zeigen uns eine geduldige, hingebungsvolle, lächelnde und gelassene Mutter, die ihr nettes und liebes Kind in den Armen hält und einen fröhlichen Vater, der, von der Arbeit kommend, mit seinen Kindern spielt. Mit der Alltagsrealität von Familien haben diese Bilder allerdings wenig zu tun. Was (fast) alle Menschen dennoch verbindet ist die Tatsache, dass wir sagen können, wir haben eine Familie bzw. wir gehören zu einer Familie. Dabei mag der eine eher an die eigenen Eltern denken, die anderen eher an ihre Geschwister oder wiederum Paare an die Partnerin bzw. den Partner.

Frauen und Männer bringen ihre eigenen, je individuellen Vorstellungen und ihre Geschichte mit, wenn sie eine Familie gründen und Kinder bekommen. Wie Eltern- oder Partnerschaft gelebt werden, ist von Familie zu Familie unterschiedlich und muss miteinander verhandelt werden. Die einen sind in ihrer partnerschaftlichen Beziehung kooperativ, zeigen gegenseitige Achtung und Verbundenheit – ein Leben lang. So berichtet eine Frau, dass es Zeiten gegeben habe, in denen beide nächtelang am Küchentisch um den Bestand ihrer Beziehung gerungen hätten. Auch wenn es oft Krach gab und sie sich schon häufiger voneinander trennen wollten, haben sie es bisher immer noch geschafft, wieder den Weg zueinander zu finden. Andere Paare wiederum verzweifeln, ziehen sich innerlich zurück, warten bis die Kinder aus dem Hause sind und lassen sich dann scheiden. Und immer wieder gibt es Mütter, die sich, manchmal auch nach einer länger dauernden Partnerschaft, dazu entscheiden, ihre Energie der Beziehungsarbeit einzig ihrem Kind zu widmen und wählen damit das Alleinerziehen unter allen anderen schlechten Möglichkeiten als die für sie beste heraus.

Krise der Familie oder Neuorientierung?

Gelegentlich wird in sozialwissenschaftlichen Analysen und politischen Debatten dieser familiäre Wandel als „Krise“ oder „Zerfall“ der Familie kommentiert und diagnostiziert (Hamman 1992, S. 57). Ist denn dieser familiäre Wandel wirklich eine Krise? Zeigt er tatsächlich den Zerfall von familiären Strukturen? Trotz dieser Entwicklungen familiärer Formen kann nicht von einer „Auflösung“ der Familie die Rede sein. Für Familien gilt der gleiche Grundsatz, wie für alle anderen gesellschaftlichen Ereignisse, die einen Wandel erfahren. Ein Wandel kennt kein Ende, sondern stellt eine „Neuorientierung“ dar, in der sich alte Strukturen verändern und an die Stelle neue Denkmuster und Wertorientierungen treten.

Welchen Wandel die Familienleitbilder in den letzten Jahrzehnten durchlebt haben, lässt sich anhand der Familienberichte der jeweiligen Bundesregierung chronologisch darstellen:

1968 diente die Familie der Sicherung des Bevölkerungsbestandes und wurde als biologische Reproduktionsgemeinschaft verstanden.

1975 war die Familie vorwiegend der Ort für Erziehung und Bildung. Erstmalig fanden in dieser Ausgabe Alleinerziehende und Wahlverwandte (wie z.B. Stiefeltern) Erwähnung.

1979 werden alleinerziehende Familien als „unvollständig“ bezeichnet und es wurde Wert auf die eheliche Kernfamilie gelegt.

1986 wird die Situation der älteren Familienmitglieder berücksichtigt, deren Pflege als anerkannte Familienleistung gilt.

1994 stehen die zunehmenden Individualisierungstendenzen und die daraus resultierenden neuen vielfältigen Lebensformen im Zentrum (mit anderen Worten: erst seit ca. 10 Jahren werden alternative Lebensformen als gleichwertig betrachtet, die Gesellschaft akzeptiert heute weitgehend alternative Lebensformen).

2000 wird die Situation von Familien ausländischer Herkunft in Deutschland beschrieben. Ziel der Bundesregierung ist, die auf Dauer und rechtmäßig in Deutschland lebenden ausländischen Familien am gesellschaftlichen Leben umfassend und gleichberechtigt teilhaben zu lassen. Leistungen von Familien ausländischer Herkunft sind anzuerkennen, Belastungen und Herausforderungen zu benennen und die notwendigen Integrationsmaßnahmen zu verstärken.

2005 Im Mittelpunkt des siebten Familienberichts (im Erscheinen) zum Thema „Zukunft der Familie – Gesellschaftlicher Wandel und sozialer Zusammenhalt" ist die Balance von Familien- und Arbeitswelt im Lebensverlauf ein Hauptthema. Neben dem Wandel und der Stabilität von Familien werden die Veränderungen von Arbeit, Bildung und Wirtschaft, Geld- und Zeitökonomie, sowie die Generationenbeziehungen zwischen Kindern, Eltern und Großeltern und Veränderungen der Geschlechterrollen behandelt.

Familienformen im Wandel

Die Entwicklung der Familien unserer Zeit ist jüngeren Datums. Noch vor 30 Jahren dominierte vorwiegend das traditionelle Familienmodell der bürgerlichen Kleinfamilie „Mutter-Vater-Kind(er)". Die Kinder wuchsen weitgehend bei ihren leiblichen, miteinander verheirateten Eltern auf. Es war selbstverständlich, dass junge Erwachsene heirateten, eine Familie mit mehreren Kindern gründeten und ein Leben lang zusammen blieben. Die „liebevolle Ehefrau" übernahm mit der Heirat und der Geburt der Kinder die Haus- und Erziehungsarbeit und wurde vorwiegend auf ihre Mutterschaft reduziert, während der Mann einer Erwerbsarbeit nachging und für den notwendigen Familienunterhalt sorgte. Dieser Lebensweg wurde seit vielen Generationen vorgegeben und als Normalbiografie gelebt. Diese klassischen Rollenbilder werden heute von einem Großteil der Gesellschaft nicht mehr in solch starren Formen übernommen. Das hat einerseits Chancen, birgt aber auch Risiken und Unsicherheiten, da jetzt die Notwendigkeit besteht, Rollen nach eigenen

Vorstellungen zu entwickeln, auszufüllen und nach außen vertreten zu müssen.

Durch ökonomische, soziale, kulturelle und politische Veränderungen haben sich die Lebensansprüche und damit einhergehend die familiären Lebensformen, besonders der Frauen, gewandelt. Durch die In-Fragestellung traditioneller Muster von Ehe, Familie und Elternschaft wurden Bilder aufgebrochen und die bürgerliche Kleinfamilie verlor damit ihre Monopolstellung. Die Zahl der nichtehelichen Paare nahm zu und gegen Mitte des letzten Jahrhunderts vergrößerte sich die Zahl der Ein-Eltern-Kind Familien (Alleinerziehende). Dieser tiefgreifende Wandel von Ehe, Familie und Elternschaft lässt sich in allen westlichen Industriegesellschaften beobachten. Das Leitbild der Ehe verliert immer mehr seine Kraft als einzig mögliche Lebensform menschlichen Zusammenlebens. Junge Menschen leben über längere Phasen alleine oder mit einer/einem Partner/in in einer nichtehelichen Gemeinschaft zusammen und Ehepaare entscheiden ganz frei (?), sich aus der Ehe zu lösen. Insbesondere Frauen befreien sich von Ehezwängen, wenn die Beziehung unerträglich wird. Weiterhin ist der Wunsch, ein oder mehrere Kinder zu haben, nicht mehr das einzige Lebensziel, sondern ein mögliches unter vielen.

Trotz der niedrigen Geburtenraten nimmt die Bevölkerung in Deutschland stetig zu. Jeder zweite Einwohner Deutschlands lebt in einem Haushalt mit Kindern (BMFSFJ 2003). Während 1991 noch 80 Millionen Menschen in Deutschland lebten, stieg die Zahl im Jahr 2000 auf ca. 81,4 Millionen an, davon bildeten Familien mit ca. 23 Millionen die größte Gruppe.

Die Familie unserer Zeit ist keine einheitliche Gruppe, sondern sie bildet innerhalb jeden Familientyps unterschiedliche Ausprägungsformen. Das heißt, dass Ehepaar-Familien, nichteheliche Lebensgemeinschaften, Ein-Eltern-Familien, Patchworkfamilien (Stieffamilien, Adoptivfamilien), eingetragene Lebenspartnerschaften, kinderlose Paare oder Ehen, Alleinstehende, Wohngemeinschaften und andere in sich und zueinander deutliche Gemeinsamkeiten, aber auch viele Unterschiede aufweisen.

Das folgende Schaubild verdeutlicht das Verhältnis der vier größten Familienformen:

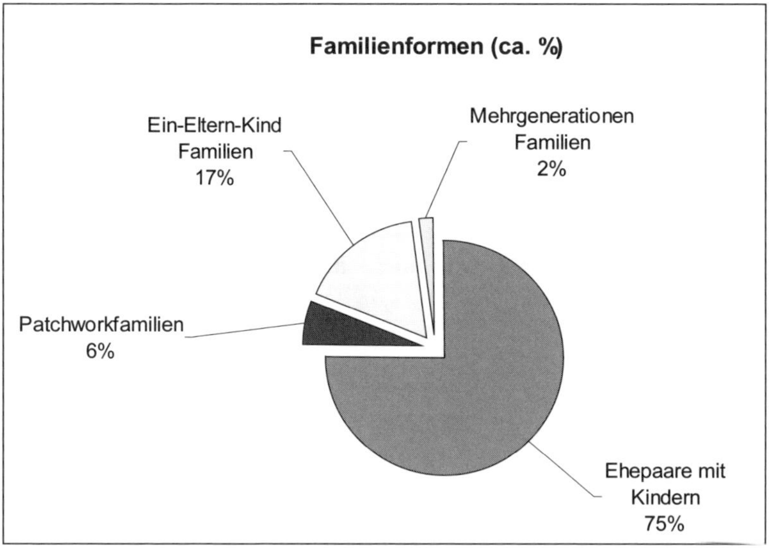

Quelle: BMFSFJ 2002

Von den insgesamt in Deutschland lebenden Familien (ca. 23 Mio.) leben davon ca. **75%** in Ehepaare- Familien, ca. **6%** in Patchworkfamilien, ca. **17%** in Ein-Eltern-Kind-Familien und ca. **2%** in Mehrgenerationen-Familien.

Im Jahr 2000 lebte demnach mehr als die Hälfte der in Deutschland wohnenden Menschen in Haushalten mit Kindern zusammen. Das heißt: jede(r) zweite Einwohner(in) in Deutschland lebt in einem Familienhaushalt zusammen mit Kindern.

Umfragen zeigen, dass der hohe Wert der Familie als Idealbild nach wie vor bei den meisten Menschen ungebrochen ist. Vor allen bestätigen Jugendliche, dass sie sich eine Familie und Kinder wünschen (85%).

Alle diese Familien sind heute anzutreffen und es kann nicht, trotz mancher Vorurteile, empirisch belegt werden, dass Eltern auf Grund ihrer entsprechenden Lebensform ihre Kinder schlechter erziehen als andere. In welchen Familien Menschen auch leben, sie alle sind durch die veränderten gesellschaftlichen Bedingungen hohen Belastungen ausgesetzt. So haben zum Beispiel kinderreiche Familien nicht nur doppelte oder dreifache Kinder-Freuden, sondern die Sorgen, Verpflichtungen und Ängste werden ebenso vervielfacht.

Im folgenden Abschnitt werden wir der Frage nachgehen, wie sich die einzelnen Familienformen unterscheiden und welchen Belastungen sie ausgesetzt sind.

Obwohl der Anteil der verheirateten Paare zurückging, ist die traditionelle „Kleinfamilie“ immer noch die dominierende Form mit ca. 75%, aber auch hier gibt es nicht **die** Kleinfamilie, sondern ihre Strukturen können sehr vielfältig sein.

So können Eltern mit Kindern zusammenleben, bei denen (meist) der Vater voll erwerbstätig und die Frau eine unbezahlte vollzeittätige Mutter und Hausfrau ist. Oder es gehen beide einer Erwerbsarbeit auf Teilzeitbasis nach oder der Vater ist voll erwerbstätig und die Mutter ist Teilzeit erwerbstätig oder (in selteneren Fällen) kann der Vater Hausmann sein und die Mutter ist voll erwerbstätig oder zum Schluss können beide voll erwerbstätig oder auch arbeitslos sein. *Irina, eine 33-jährige Mutter von drei Kindern erzählt, dass sie unter der Last, es allen drei Kindern (und auch noch ihrem Mann und ihren Eltern und Schwiegereltern) recht machen zu wollen, fast zusammenbreche. Wie sie es auch anstellt, einer fühlt sich immer benachteiligt. Für Irina ist dies ein deprimierendes Gefühl.*

Familien heute: Jede Familie ist anders

In einer Familie mit mehreren Kinder werden durch das gemeinsame Aufwachsen unter den Geschwistern wichtige Lernmöglichkeiten geboten. Sie lernen elementare soziale Verhaltensweisen wie zum Beispiel Streiten, Vertragen, Teilen, Toben, Rücksicht nehmen, sich durchzusetzen und vieles andere mehr, das sie im Erwachsenenalter als Erfahrungsschatz einsetzen können. Für Eltern wiederum bedeutet das, auf die wachsenden Bedürfnisse und zunehmenden Kosten durch die Kinder reagieren zu müssen. Oft müssen beide Elternteile berufstätig sein, da dies zur Einkommenssicherung notwendig ist. Der Nachteil, der sich daraus ergeben könnte, ist der Verlust an Familienzeit. Das Familienleben und die Familienfreizeit sind dadurch eingeschränkt und oft wird durch die Belastungen des Erwerbslebens der Eltern das Familienleben überschattet. Gleichzeitig bieten sich die Geschwister untereinander oft Schutz und wechselseitige Fürsorge.

Moralisch gesehen finden Familien und Kinder eine hohe Zustimmung, aber wie sieht es mit der materiellen und gesellschaftlichen Anerkennung aus?

Inwieweit entzieht sich die Familienpolitik ihrer Verantwortung und lässt Familie als „Privatsache" erscheinen? Eine gelingende Vereinbarkeit von Familie und Beruf setzt besondere Betreuungsmöglichkeiten für Kinder und Jugendliche voraus. Weiterhin dürfen Eltern aufgrund ihrer familiären Verpflichtungen nicht in ihrer Erwerbsarbeit diskriminiert werden. Da bislang die Vorraussetzungen zur Vereinbarkeit von Familie und Beruf und den daraus resultierenden Überlastungen vieler Familien nicht hinreichend erfüllt sind, bleibt Familienleben ein privates Problem.

Kinder und Jugendliche und ihre Sichtweisen:

Junge☺: Weißt du, meine Eltern sind geschieden und mein Vater ist alleinerziehend.
Mädchen☺: Meine Mutter ist auch alleinerziehend.
Junge☺: Aber Ihr seid doch eine ganz normale Familie mit Vater, Mutter und so?
Mädchen☺: EBEN!

Quelle: Legatis/Schnell-Näf 1993, S. 30

Die Familienform der alleinerziehenden Familien ist die zweitgrößte Gruppe. Eine Zeit lang galt diese familiäre Form als defizitär und unzureichend geeignet für eine gedeihliche Entwicklung der Kinder. Dieses Vorurteil traf Kinder von Alleinerziehenden mit besonderer Härte. Nicht selten wurden sie aufgrund ihrer Zugehörigkeit zu einer Ein-Eltern-Kind Familie diskriminiert und erfuhren ungerechte Behandlungen und Beurteilungen. Heute können wir einen gesamtgesellschaftlichen Wandel feststellen. Ca.17% aller in Deutschland lebenden Familien sind heute Ein-Eltern-Kind Familien. 85% aller Alleinerziehenden sind Frauen (Schmidt-Nieraese 2002). Alleinerziehende Mütter und Väter sind eine sehr heterogene Gruppe, deren Lebenssituation wesentlich von den sie auslösenden Entscheidungen geprägt ist. Auch unter dem Begriff „Alleinerziehen" lassen sich verschiedene Lebenssituationen subsumieren, die sich z.B. hinsichtlich ihrer Entstehung und Dauer, ökonomischer Situation und Partnersituation, Alter und Zahl der Kinder unterscheiden. Das kann also heißen, dass eine Frau (Mutter), die mit ihrem/n Kind(ern) zusammenlebt, ledig, getrennt lebend, verwitwet oder auch geschieden sein kann. Sie kann einen Partner haben, der sie entlastet, aber nicht gemeinsam mit ihr lebt. Ein weiterer Unterschied zeigt sich, ob die Frau voll erwerbstätig ist, sie Teilzeit erwerbstätig ist oder als Vollzeittätige, unbezahlte Hausfrau und Mutter ist. Für Männer (Väter), die allerdings als Alleinerziehende eher in einer Minderzahl vertreten sind, gilt dennoch das gleiche Prinzip. Im Vergleich zu Paarfamilien sind Ein-Eltern-Kind Familien in vieler Hinsicht doppelt belastet. Die elterlichen Aufgaben konzentrieren sich bei Ein-Eltern-Kind Familien überwiegend entweder auf die Mutter oder auf den Vater. Sie verfügen über geringere Entlastungsmöglichkeiten, selten können Sorgen geteilt werden. Sofern kein neuer Partner, Eltern, Nachbarschaft oder andere soziale Netzwerke vorhanden sind, die unterstützend eingreifen könnten, sind diese Eltern durch Beruf, Erziehung und Haushalt vielfach überlastet. Zusätzlich stoßen Alleinerziehende in ihrem Erwerbsleben auf Vorurteile. Nicht selten werden ihnen geringe Einsatzbereitschaft und hohe Fehlzeiten vorgeworfen. In anderen Fällen, wenn die Kinder noch klein sind, ergibt sich dann wiederum die schwierige Situation, dass auf die Berufstätigkeit (vorerst) verzichtet werden muss und sich dies dann auch negativ auf das Familieneinkommen auswirken kann. Das Ergebnis ist oft ein allgemein niedriger Lebensstandard und beengte Wohnungen, die sich in einem schlechten Wohnumfeld befinden. In Situationen, in denen Alleinerziehende die erforderlichen Krippen und Kindergartenbetreuung in Anspruch nehmen, wird dies einerseits durch die entstehenden Kosten problematisch und anderseits haben Eltern dann oft selbst kein gutes Gewissen, da sie befürchten, zu wenig Zeit für ihr Kind zu haben. Besonders dann, wenn Kinder aus Ein-Eltern-Kind Familien keine Geschwister haben, ist der Besuch eines Kindergartens von besonderer Bedeutung. Alle Kinder – und speziell „Einzelkinder" – benötigen zur Entwicklung ihrer sozialen Kompetenzen andere (jüngere, gleichaltrige und ältere) Kinder, mit denen sie sich alltäglich messen, vergleichen, verbünden und auseinander setzen können. Kinder, die nur das Maß einer Erwachsenenwelt zur Verfügung haben, sind in ihrer kindlichen Entwicklung überfordert.

Trotz der bisher beschriebenen Schwierigkeiten und Belastungen kann festgestellt werden, dass dies keine Dauerprobleme sind. Das Alleinerziehen hat sich mittlerweile etabliert. Sabine, eine 22-jährige alleinerziehende Mutter erzählt folgende Situation: *„Bis Sarah (heute 3 Jahre alt) einige Monate alt war, lebten Manfred und ich zusammen. Plötzlich kam er nicht mehr nach Hause und nach einer Zeit erfuhr ich, dass er eine Freundin hatte. Mir wurde dann alles sehr schnell klar und ich wollte einen Schlussstrich unter die Beziehung ziehen. Ich merkte bald, dass es mir durch diese Entscheidung dann auch wesentlich besser ging. Was ich heute habe und wie ich dazu gekommen bin, gibt mir Kraft, um alles zu kämpfen. Ich merke, dass ich etwas leisten kann. Ich habe an Selbstbewusstsein gewonnen und habe Vertrauen, dass es immer auch eine andere Lösung geben kann. Für mich ist das Alleinerziehen positiv. Endlich kann ich frei atmen."*

Kinder und Jugendliche und ihre Sichtweisen:

Junge ☺: Ich bin ein Einzelkind und wie ist es bei dir?
Mädchen ☺: Mein Bruder ist ein Pillenkind, meine Schwester ein Spiralenkind.
Junge ☺: Ja, und du?
Mädchen ☺: Ich glaube, ich bin ein Sandwichkind.

Quelle: Legatis/Schnell-Näf 1993, S. 39

Patchwork-Familien (Lebensgemeinschaften) bilden im Jahr 2000 mit ca. 6% die drittkleinste Gruppe aller Familienformen. In ihrer Form ist die Patchwork-Familie kein neues Modell. Der frühere Begriff der „Stieffamilie" ist durch den neuen ersetzt worden, da er meist das Märchen von Aschenputtel und der bösen Stiefmutter assoziierte. Es gab schon immer Kinder, die nicht bei ihren leiblichen Eltern aufwuchsen. Oft entstanden diese Familien durch Verwitwung und erneute Heirat des lebenden Elternteils. Die heutigen Entstehungsgeschichten der Patchwork-Familien beruhen häufig auf Scheidung und der Bildung einer neuen gegebenenfalls auch nicht-ehelichen Partnerschaft. Hierbei bringt ein/e oder beide Partner/innen ihre Kinder mit in die neue Beziehung, haben vielleicht noch Kinder, die bei den ehemaligen Partner/innen leben und haben zusätzlich gemeinsame leibliche

Kinder in der neuen Beziehung. Auch sogenannte Patchwork-Familien weisen auf sehr unterschiedliche Zusammensetzungen hin. Dazu einige vielleicht eher verwirrende Beispiele: Eine Frau (Mutter) oder ein Mann (Vater) und Kind(er) der Frau oder des Mannes leben zusammen. Dabei kann die Frau oder der Mann geschieden sein und mit ihrem Kind aus der ersten Ehe mit einem neuen Ehemann zusammenleben. Oder: die Frau bzw. der Mann ist geschieden und lebt mit Kind(ern) aus dieser Ehe mit einen neuen Partner unverheiratet zusammen. Durch diese unterschiedlichen Ausprägungsformen sind Patchwork-Familien vor besondere Herausforderungen gestellt. Alle Beteiligten, also Erwachsene und Kinder, müssen die Situation neu definieren und jeder muss seine „neue“ Rolle aushandeln. Dazu gehört auch die Frage nach der Akzeptanz der neuen Partnerin oder des neuen Partners durch die Kinder. Spannungen in der Partnerschaft ergeben sich oft durch unterschiedliche Ansichten in der Erziehung oder auch dadurch, dass die Rollen nicht geklärt sind. Bin ich als Partner der Mutter auch für die Erziehung ihres Kindes verantwortlich? Soll ich mich lieber raushalten, wenn es Auseinandersetzungen gibt? Bin ich eher ein Freund, da es ja den Vater noch gibt? Wie verhalte ich mich als Lebensgefährtin des Partners gegenüber seinen Kindern? Mutter? Freundin? Für alle, die in einer Patchwork-Familie leben, bedeutet dies, besonders in der ersten Phase des Zusammenlebens, eine Neuorientierung. Vor allen Dingen die Beziehungen zum anderen (leiblichen) Elternteil müssen neu geregelt werden und je nachdem, wie sich die Eltern getrennt haben und wie sie miteinander als Elternpaar umgehen, hat das Auswirkungen auf die Kinder und auf die gesamte Familienatmosphäre.

Kinder und Jugendliche und ihre Sichtweisen:

Mädchen ☺: Ich hatte schon drei Papas! Und du?
Junge ☺: Fünf. Dabei hätte ich lieber mal 'ne neue Mama!

Quelle: Schneewind 2002

Die Anzahl der **Mehrgenerationen-Familien**, also Familien in denen Großeltern, Eltern und Kinder leben, ist in den letzten zwei Jahrzehnten gesunken. 1972 war diese Familienform noch mit ca. **7%** vertreten, heute zählen ca. **2%** Familien zu dieser Gruppe. Diese Familienform gehört neben der Kleinfamilie zu den ältesten Familienformen der Geschichte und ist heute verstärkt noch bei Migrantenfamilien oder in traditionell bäuerlichen Familien zu finden. Oft sind beide Eltern berufstätig und die Großeltern im Rentenalter. Was die Erziehung der Kinder anbetrifft, fühlen sich alle Erwachsene verantwortlich. Einerseits haben Kinder und Jugendliche durch diese Familien mehr Möglichkeiten, Meinungen aus einer mehrgenerationalen Perspektive zu erfragen, im Sinne von „Wie war das denn bei euch damals?" Anderseits heißt es aber auch, mehr Durchsetzungsvermögen entwickeln zu müssen, um gegen diese Mehrzahl von Erwachsenen bestehen zu können. Besonders in Konfliktsituationen mit den Eltern können sich die Kinder und Jugendlichen Streicheleinheiten, Verständnis, Hilfe und Rat bei den Großeltern holen. Für die Eltern kann dies leicht als Kontrolle und Einmischung in die Erziehung ihrer Kinder verstanden werden. Der Entlastungsaspekt, den die Eltern durch die Anwesenheit ihrer Eltern – der Großeltern – erfahren, überwiegt vor allen Dingen dann, wenn alle sich in Toleranz üben.

Die rückläufigen Zahlen für großfamiliäres Zusammenleben in deutschen Familien können damit begründet werden, dass Eltern und erwachsene Kinder immer mehr in eigenen Haushalten leben und es sich zur Normalität entwickelt hat, dass Kinder, spätestens wenn sie heiraten, eine eigene Wohnung beziehen. Die Großeltern leben in einem eigenen Haushalt, aber dennoch in räumlicher Nähe zu den anderen Familienmitgliedern. Das heißt, auch wenn nicht alle im gleichen Haushalt leben, besteht weiterhin ein regelmäßiger Kontakt.

Kinder und Jugendliche und ihre Sichtweisen:

Junge☺:Meine Eltern, meine Geschwister und meine Großeltern leben alle zusammen.
Mädchen☺: Du armer...
Junge☺: Wieso
Mädchen☺: Dann wirst du doppelt erzogen

Jonuz/Bornhöfft

Zusammenfassend kann gesagt werden, dass es heute eine Vielzahl unterschiedlich gelebter Familienformen gibt. Ein wesentlicher Grund dieses Wandels liegt auch darin, dass die Lebensvorstellungen von Frauen und Männern in Ehe, Partnerschaft und Familie einerseits und der Realisierung dieser Lebenspläne anderseits auseinander driften.

Ob die Vorstellungen einer Ehe und Partnerschaft sich realisieren lassen, ob Eltern den Wunsch nach einem Leben mit Kindern entwickeln und in der Partnerschaft eine gleichberechtigte berufliche Teilhabe von Frauen und Männer entwickeln können, hängt ganz entscheidend auch von ökonomischen, sozialen und politischen Vorraussetzungen ab, unter denen Familien leben. Selbst wenn Eltern eine einfühlsame, geduldige und reflektierte Haltung ihren Kindern gegenüber haben, kann diese durch den Mangel an ökonomischen, sozialen und gesundheitlichen Ressourcen beeinträchtigt oder ins Negative verkehrt werden. Das folgende Schaubild gibt das durchschnittliche Einkommen der jeweiligen Familienformen wieder.

Schaubild: Durchschnittseinkommen und Haushaltstyp in Deutschland

Haushaltstyp	durchschnittliches Einkommen (Jahr 2000)
Haushalte insgesamt	2.583,00
Alleinlebende	1.538,00
Paare (verheiratet und nicht verheiratet) ohne Kinder	2.887,00
Paare (verheiratet und nicht verheiratet) mit Kindern	3.499,00
Alleinerziehende	1.777,00

Quelle: BMFSFJ 2002

Eltern heute: oft kindzentriert

Viele Familien unserer Zeit zeichnen sich dadurch aus, dass die Bedürfnisse und das Wohl des Kindes an erster Stelle stehen. Es wird weniger aus einer eher naturwüchsigen und schicksalhaften Existenz heraus für das Kindeswohl gesorgt, sondern es gibt sehr klare (und sehr hohe) Anforderungen an Eltern, die sie zur positiven Entwicklung ihrer Kinder erfüllen müssen.

Noch nie hat es in der Geschichte Deutschlands so viele Eltern gegeben, die sich für ihre Kinder einsetzen und sich in hohen Maße mit Erziehung auseinandersetzen. Eltern müssen sich informieren, Entscheidungen zum Wohle des Kindes abwägen und Erziehungsratgebern (miss)trauen. Sie tragen die Hauptverantwortung für die Entwicklung ihrer Kinder und stehen damit gleichzeitig unter einem dauernden Rechtfertigungsdruck. Parallel dazu haben Eltern selbst sehr hohe Ansprüche. Zwar setzen sich die meisten sehr für ihre Kinder ein, aber dann soll der große Einsatz möglichst auch durch ein erfolgreiches Kind belohnt werden. An Kinder werden Maßstäbe gestellt und es wird überprüft, ob sie dem Alter entsprechend bestimmte Lern- und Entwicklungsfortschritte vollzogen haben. Geringfügige „Normabweichungen" vom „Durchschnittskind" werden als problematisch diagnostiziert, was Eltern beunruhigt, überfordert und verunsichert. Kinder, die in der heutigen Zeit aufwachsen, werden zwar zunehmend als Persönlichkeiten begriffen, die eine eigene Meinung haben und mit individuellen Geschmack und Vorlieben ausgestattet sind. Dennoch befinden sich Kinder und Jugendliche in einem Spannungsfeld zwischen Überbehütung und überzogenen Anforderungen. Der familiäre Wandel zeigt sich nicht nur in den Veränderungen der Familienformen, sondern auch in einem Wandel der Erziehungsziele. In einer Eltern-Befragung des Staatsinstituts für Familienforschung an der Universität Bamberg (Rupp 2004, S. 18) meinten Eltern, dass ihre Kinder vor allem Selbstvertrauen, Selbstbewusstsein und soziale Kompetenzen entwickeln müssten. Weniger wichtige Ziele waren Fleiß, Gehorsam und gute Noten in der Schule.

Schaubild: Erziehungsziele

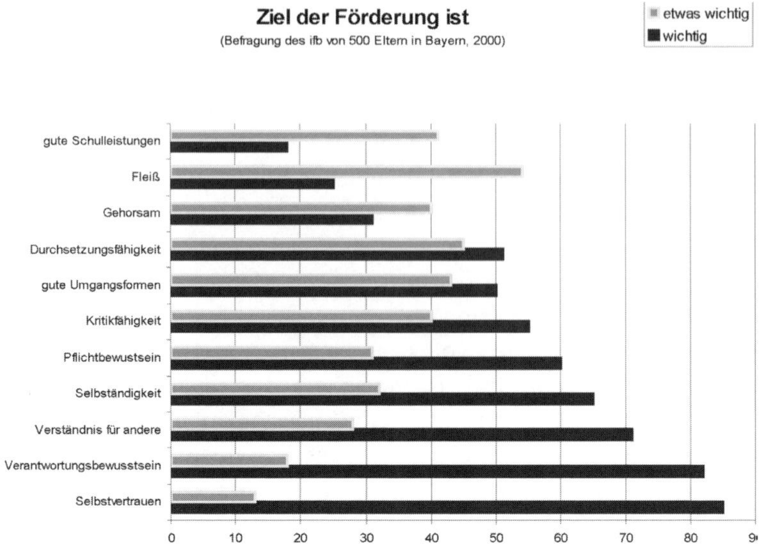

Quelle: Rupp 2004

Es ist mittlerweile allgemein bekannt, dass sich diese Wünsche, Vorstellungen und Eigenschaften, insbesondere Selbstvertrauen, Durchsetzungsfähigkeit, Kritikfähigkeit und Selbstständigkeit nicht mit einem (elterlichen) autoritären Verhalten realisieren lassen. Die Frage, wie Väter und Mütter ihre Erziehungs*haltung* und ihr Erziehungs*verhalten* ihren Kindern gegenüber vertreten, können Eltern im nächsten Kapitel selbst überprüfen.

4. Ein Eltern-Orientierungstest zur Wahrnehmung der eigenen Stärken

*Sigrid Tschöpe-Scheffler/Andre Bornhöfft/
Elli Jonuz/Stephanie Mörs-Hoffmann*

Am Anfang war ein Interview: Im Januar 2005 trafen sich die Herausgeberin und eine Journalistin, um im Auftrag des Frauenmagazins BRIGITTE über das Thema „Gibt es eine perfekte Erziehung?“ zu sprechen (siehe Kapitel 9). Die Antwort auf die im Interview gestellte Frage, lautete: „Nein. Keine Familie ähnelt der anderen, und darum gibt es viele Wege, gut zu erziehen.“

Eine solche Antwort provoziert allerdings eine neue Frage: Wenn es viele Wege gibt – wie können Eltern sich dann einen ersten Überblick darüber verschaffen, ob und in welchen Erziehungsbereichen sie auf einem guten Weg sind und wo sie ihr Erziehungsverhalten verbessern können? „Wir brauchen einen Test, der diese Selbstreflexion in Gang setzt“, erklärte die BRIGITTE-Redaktion: Und so entwickelte das Forschungsteam des Instituts für Kindheit, Jugend und Familie der Fachhochschule Köln, Andre Bornhöfft, Elli Jonuz und Stephanie Mörs-Hoffmann unter der Leitung von Sigrid Tschöpe-Scheffler, einen solchen Elterntest. Der Test erschien – zusammen mit dem Interview – unter dem Titel „**Welcher Elterntyp sind Sie? – Entdecken Sie Ihre Fähigkeiten**“ als BRIGITTE-Dossier (Heft 17/2005). Inzwischen wurde er von uns noch einmal überarbeitet, erweitert und steht nun als **Elternorientierungstest** im Mittelpunkt unseres Buches. Die theoretische Ausgangsbasis stellt das „Fünf-Säulenmodell einer guten Erziehung“ von Sigrid Tschöpe-Scheffler dar, das durch Fragen zum sozialen Netzwerk erweitert wurde, beides wird in Kapitel fünf, nach dem Test, beschrieben.

In dem Test geht es um die Frage, wie Eltern den Blick auf ihre **eigenen Stärken lenken können. Selbsterkenntnis** und **Erziehung** gehören eng zusammen. Wer sich selbst besser kennt, wird damit auch sensibler für das Verhalten anderer. Wer gelernt hat, seine eigenen Stärken und Schwächen wahrzunehmen, ist sich seiner selbst bewusster, d.h. „selbstbewusster“.

Der Test bietet eine Orientierung im Sinne einer allgemeinen Standortbestimmung: Was mache ich in der Erziehung gut? An welchen Stellen könnte ich mich weiterentwickeln?

Was der „Eltern-Stärken-Test" nicht kann:

Dieser Test liefert keine Festschreibung, er erhebt auch nicht den Anspruch als isoliertes analytisches Instrument eine definitive Aussage darüber herbeizuführen, welcher Elterntyp Sie sind. In diesem Zusammenhang wird Ihnen auch in der Testauswertung nicht der „richtige Erziehungsstil" oder die „perfekte Erziehungsmethode" angeboten, sondern lediglich eine Tendenz im Hinblick auf Ihre Fähigkeiten und auf mögliche Entwicklungsaufgaben – er bietet eine Anregung zur Selbstreflexion.

Die Testdurchführung:

- Wenn Sie mehrere Kinder erziehen, sollten Sie sich bei der Durchführung des Testes auf jeweils eines Ihrer Kinder konzentrieren. Führen Sie ihn dann für jedes Kind gesondert durch, da Eltern mit jedem Kind je nach Alter und Temperament auch anders umgehen.
- Falls Sie Ihre Kinder zu zweit erziehen, könnten Sie Ihren Partner oder Ihre Partnerin bitten, den Test ebenfalls zu machen. Vielleicht kommen Sie miteinander darüber in ein konstruktives Gespräch.
- Sie können den Test auch aus der Perspektive Ihrer eigenen Kindheit durchführen, indem Sie sich vorstellen, wie Sie als Kind Ihre Eltern erlebt haben. Dies kann Ihnen Hinweise auf Ihre eigene Erziehungsgeschichte geben.
- Der Test kann auch unter Anleitung einer Multiplikatorin/eines Multiplikators in der Elternbildung eingesetzt und als Anlass für weitere Gespräche genutzt werden.

So funktioniert der Test:

1. Kreuzen Sie Ihre Antworten zu den 36 Aussagen zum Erziehungsalltag an.
2. Übertragen Sie dann Ihre Antworten in das Auswertungsschema mit den Punktwerten.
3. Zählen Sie die Punkte zusammen.
4. Übertragen Sie das jeweilige Ergebnis mit einem Kreuz in die jeweilige Säule.

Der Test

Aussagen Nr.	Aussagen zum Erziehungsalltag	Stimme ich voll zu	Stimme ich eher zu	Stimme ich eher nicht zu	Stimme ich nicht zu
1	Belastungen, Unangenehmes und Pflichten versuche ich möglichst von meinem Kind fernzuhalten damit es noch lange Kind bleiben kann. Die harte Realität der Erwachsenenwelt kommt noch früh genug.	☐	☐	☐	☐
2	Ich finde es richtig, dass Eltern entscheiden und Kinder lernen, sich anzupassen.	☐	☐	☐	☐
3	Wenn ich will, dass eine Regel eingehalten wird, dann begründe ich meinen Standpunkt und sage meinem Kind klipp und klar, was ich von ihm erwarte.	☐	☐	☐	☐
4	Wenn im Alltag mal etwas Außerplanmäßiges passiert, z .B. mein Kind krank wird oder ich selbst krank werde, dann habe ich jemanden, der mich spontan unterstützen kann.	☐	☐	☐	☐
5	Ich kann mich auf mein Kind (seinem Alter entsprechend) verlassen und weiß, dass es sich vernünftig verhält, auch wenn ich nicht dabei bin.	☐	☐	☐	☐
6	Spiel und Spaß haben wenig mit Lernen zu tun. Sie verhindern die richtige Einstellung zum Lernen.	☐	☐	☐	☐
7	Wenn meinem Kind etwas nicht gelingt und es deshalb traurig wird oder sich ärgert, tröste ich es und mache ihm Mut, es noch einmal zu versuchen	☐	☐	☐	☐

Aussagen Nr.	Aussagen zum Erziehungsalltag	Stimme ich voll zu	Stimme ich eher zu	Stimme ich eher nicht zu	Stimme ich nicht zu
8	Ich versuche Erziehungsschwierigkeiten möglichst alleine zu lösen. Gespräche mit anderen verunsichern mich meist nur.	☐	☐	☐	☐
9	In Konfliktsituationen mit meinem Kind habe ich oft das Gefühl überfordert zu sein. Ich weiß dann einfach nicht mehr, was ich noch machen soll.	☐	☐	☐	☐
10	Im Familienalltag ist es mir nicht nur wichtig, meinen Standpunkt deutlich zu machen: Ich bitte auch mein Kind, mir seine Meinung zu sagen.	☐	☐	☐	☐
11	Ich vermeide es, meine Fehler vor meinem Kind einzugestehen, da es dadurch den nötigen Respekt vor mir verlieren könnte.	☐	☐	☐	☐
12	Ich fühle mich häufig mit der Kindererziehung überfordert und weiß nicht, wo ich geeignete Unterstützung bekommen kann.	☐	☐	☐	☐
13	Es fällt mir schwer damit umzugehen, dass mein Kind mich immer weniger braucht und beginnt eigene Wege zu gehen.	☐	☐	☐	☐
14	Ich habe oft das Gefühl, dass mein Kind macht, was es will.	☐	☐	☐	☐
15	Wenn mein Kind mir eine Wissensfrage stellt, dann freue ich mich und gebe entweder sofort eine passende Antwort oder suche die Informationen heraus und erkläre sie ihm.	☐	☐	☐	☐

Aus-sagen Nr.	Aussagen zum Erziehungsalltag	Stimme ich voll zu	Stimme ich eher zu	Stimme ich eher nicht zu	Stimme ich nicht zu
16	Ich möchte, dass mein Kind möglichst früh lernt, Probleme allein zu bewältigen und Verantwortung dafür zu übernehmen. Ich unterstütze es zwar dabei, vermeide es aber, eigene Lösungsvorschläge zu machen.	☐	☐	☐	☐
17	Ich versuche oft, die Welt aus den Augen meines Kindes zu sehen. Das hilft mir, mein Kind besser zu verstehen.	☐	☐	☐	☐
18	Wenn mir mal die Hand ausrutscht oder ich etwas Kränkendes gesagt habe, entschuldige ich mich bei meinem Kind.	☐	☐	☐	☐
19	Wenn mein Kind traurig oder wütend ist, dann beschwichtige ich es. Meist ist es ja nicht so schlimm, und gerade Kinder vergessen ihren Kummer schnell.	☐	☐	☐	☐
20	Mir fällt es schwer, mich zu öffnen und ganz persönliche Probleme anderen anzuvertrauen.	☐	☐	☐	☐
21	Ich achte darauf, dass mein Kind viele Freiräume hat, das zu tun, woran es Freude hat.	☐	☐	☐	☐
22	Ich habe in meinem Freundes- und Familienkreis verlässliche Ansprechpartner, bei denen ich immer Verständnis und Unterstützung finde, wenn es mir mal nicht gut geht.	☐	☐	☐	☐

Aus-sagen Nr.	Aussagen zum Erziehungsalltag	Stimme ich voll zu	Stimme ich eher zu	Stimme ich eher nicht zu	Stimme ich nicht zu
23	Da ich besser als mein Kind beurteilen kann, was für es gut ist, versuche ich es selbstverständlich in die richtige Richtung zu lenken.	☐	☐	☐	☐
24	Ich bin meinem Kind gegenüber meistens konsequent und setze Regeln auch dann durch, wenn mir mein Kind dabei ein bisschen Leid tut.	☐	☐	☐	☐
25	Es ist mir sehr wichtig zu erkennen, welche Begabungen mein Kind hat, um diese dann besonders zu fördern.	☐	☐	☐	☐
26	Die heutigen Kinder werden es schwer haben einen qualifizierten Beruf zu bekommen, daher muss ich mein Möglichstes tun, um mein Kind zu guten Leistungen anzuhalten.	☐	☐	☐	☐
27	Ich finde es wichtig, dass Entscheidungen, die die ganze Familie betreffen (z. B. Urlaubsplanung) von allen Familienmitgliedern gemeinsam getroffen werden. Dabei zählt die Meinung der Kinder ebensoviel, wie die der Eltern.	☐	☐	☐	☐
28	Kinder sollten bei der Lösung von Konflikten mit einbezogen werden, dann fällt es ihnen leichter sich an Vereinbarungen zu halten.	☐	☐	☐	☐
29	Es kommt häufig vor, dass ich meinem Kind Konsequenzen androhe, die ich nicht einhalte.	☐	☐	☐	☐

Aussagen Nr.	Aussagen zum Erziehungsalltag	Stimme ich voll zu	Stimme ich eher zu	Stimme ich eher nicht zu	Stimme ich nicht zu
30	Wenn mein Kind etwas Neues ausprobiert und es nicht recht gelingen will, dann helfe ich ihm gleich, um ihm das Gefühl von Misserfolg zu ersparen.	☐	☐	☐	☐
31	Es geht nicht in erster Linie darum, Kindern Wissen zu vermitteln, sondern Ihnen die Chance zu bieten, eigene Fragestellungen und Lösungen zu entwickeln.	☐	☐	☐	☐
32	Manchmal hilft nur ein Klaps, um einem Kind die Grenzen deutlich zu machen.	☐	☐	☐	☐
33	Wenn mein Kind ein Problem hat, traurig, enttäuscht oder wütend ist, kann ich ihm am besten helfen, indem ich zuhöre und versuche mein Kind zu verstehen.	☐	☐	☐	☐
34	Es muss bestimmte Familienrituale geben, die allen Familienmitgliedern ein Gefühl von Zugehörigkeit und Sicherheit geben.	☐	☐	☐	☐
35	Wenn mein Kind sich mit anderen Kindern streitet, schalte ich mich häufig ein und versuche die Parteien auseinander zu bringen.	☐	☐	☐	☐
36	Ich habe einen guten Kontakt zu den Erzieher/innen oder Lehrer/innen meines Kindes und würde auch Erziehungsprobleme offen mit ihnen besprechen.	☐	☐	☐	☐

Aussage Nr.:	Stimme ich voll zu	Stimme ich eher zu	Stimme ich eher nicht zu	Stimme ich nicht zu
1	-3	-1	1	3
5	3	1	-1	-3
13	-3	-1	1	3
17	3	1	-1	-3
30	-3	-1	1	3
33	3	1	-1	-3

Summe:

Liebevolle Zuwendung Vertrauen

Aussage Nr.:	Stimme ich voll zu	Stimme ich eher zu	Stimme ich eher nicht zu	Stimme ich nicht zu
7	3	1	-1	-3
11	-3	-1	1	3
18	3	1	-1	-3
19	-3	-1	1	3
27	3	1	-1	-3
32	-3	-1	1	3

Summe:

Achtung Respekt

Aussage Nr.:	Stimme ich voll zu	Stimme ich eher zu	Stimme ich eher nicht zu	Stimme ich nicht zu
2	-3	-1	1	3
10	3	1	-1	-3
16	3	1	-1	-3
23	-3	-1	1	3
28	3	1	-1	-3
35	-3	-1	1	3

Summe:

Kooperation Mitbestimmung

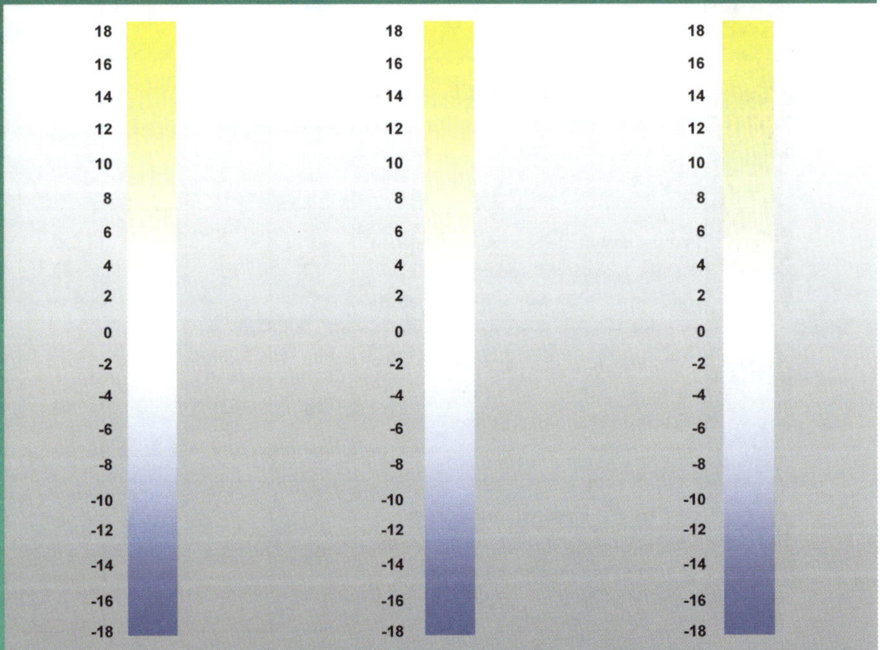

Tendenz zur Überbehütung | **Tendenz zur Missachtung** | **Tendenz zur Bevormundung**

Aussage Nr.:	Stimme ich voll zu	Stimme ich eher zu	Stimme ich eher nicht zu	Stimme ich nicht zu
3	3	1	-1	-3
9	-3	-1	1	3
14	-3	-1	1	3
24	3	1	-1	-3
29	-3	-1	1	3
34	3	1	-1	-3

Summe:

Struktur Grenzen

Aussage Nr.:	Stimme ich voll zu	Stimme ich eher zu	Stimme ich eher nicht zu	Stimme ich nicht zu
6	-3	-1	1	3
15	-3	-1	1	3
21	3	1	-1	-3
25	3	1	-1	-3
26	-3	-1	1	3
31	3	1	-1	-3

Summe:

Förderung Unterstützung

Aussage Nr.:	Stimme ich voll zu	Stimme ich eher zu	Stimme ich eher nicht zu	Stimme ich nicht zu
4	3	1	-1	-3
8	-3	-1	1	3
12	-3	-1	1	3
20	-3	-1	1	3
22	3	1	-1	-3
36	3	1	-1	-3

Summe:

Entlastung durch persönlichen Austausch

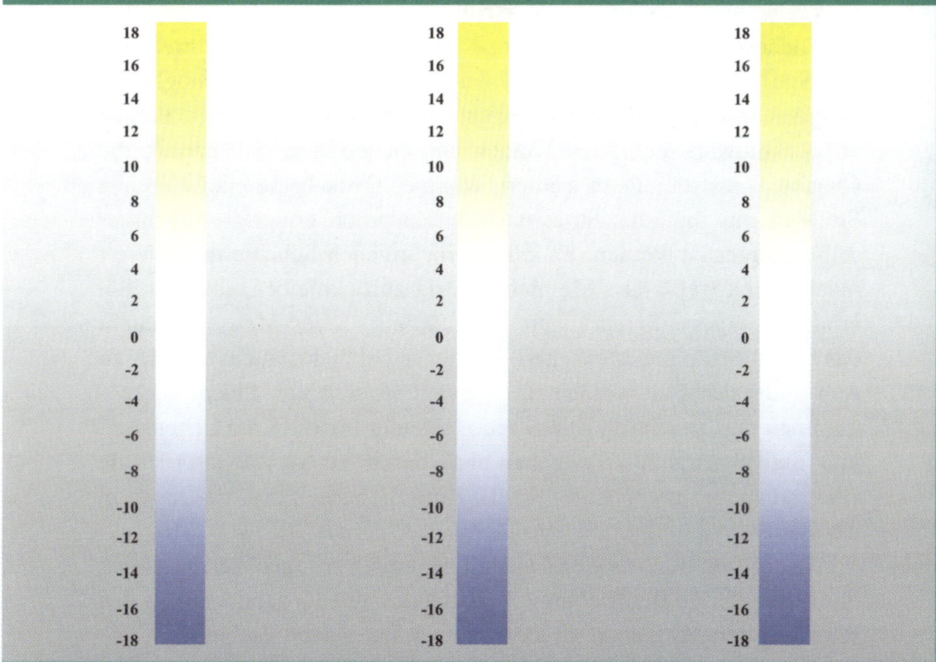

Tendenz zum Chaos

Tendenz zum Perfektionismus

Tendenz zu geringem Austausch

- **Die Auswertung**

Je weiter Ihre Punktzahl zum gelben oder blauen Ende einer Säule tendiert desto stärker ist diese Erziehungsdimension bei Ihnen ausgeprägt. Ein Kreuz im gelben Bereich symbolisiert Ihre Stärke, ein Kreuz im blauen Bereich symbolisiert Ihre Entwicklungsaufgaben. Lesen Sie die Auswertungstexte, die zu den von Ihnen angekreuzten Säulen passen (insgesamt wären das sechs verschiedene Texte, die zusammengenommen Ihren Elternstil tendenziell beschreiben).

Liegt Ihr Ergebnis im Nullbereich (oder etwas darüber), dann sind die Auswertungstexte zu beiden Tendenzen für Sie interessant. Im Folgenden werden die einzelnen Dimensionen der Säulen und die dazugehörigen Interpretationen erläutert.

- **Liebevolle Zuwendung, Vertrauen**

Ihre liebevolle Zuwendung Ihrem Kind gegenüber ist eine Ihrer großen Stärken. Ihr Vertrauen und Interesse an Ihrem Kind ermöglichen es Ihnen, eine gute Beziehung zu ihm herzustellen. Sie haben Freude an der Entwicklung Ihres Kindes und bieten ihm gleichzeitig die Chance, selbstständig zu werden. Wenn es Fortschritte macht, freuen Sie sich mit ihm. Ihr Stolz und Ihr Zuspruch ermutigt es, immer selbständiger zu werden: Es kann seine eigenen Schritte in die Welt machen und weiß, dass Sie nicht traurig zurückbleiben, sondern ihm erlauben, eigene Erfahrungen zu sammeln. Jeder Mensch braucht das Gefühl, für die Menschen, die es selbst liebt, auch wichtig zu sein und geliebt zu werden. Ihr Kind fühlt sich von Ihnen wahrgenommen und zugehörig. Ihre Liebe bedeutet für Ihr Kind Lebensmut und Selbstvertrauen. Sie geben ihm damit entwicklungsfördernde Unterstützung, das bedeutet für Ihr Kind Sicherheit und Vertrauen in das Leben.

Anregung: Liebevolle Zuwendung und Vertrauen zeichnet sich durch sorgfältige Beobachtung ihres Kindes aus. Es gehört mit zu den schwierigsten Aufgaben in der Erziehung, eigene Neigungen und Wünsche, Entwürfe und Vorstellungen vom Kind und dessen Leben zurückzustellen, zugunsten der Achtung vor seiner individuellen Persönlichkeit. Ihre elterliche Selbstreflexion ist dazu ein guter Baustein einer gelingenden Erziehung. Um Ihre Stärke der liebevollen Zuwendung auch weiterhin im Alltag überprüfen zu können, sind folgende

Schlüsselwörter hilfreich: **Anteilnahme, Zuwendung, Trost, Ermöglichung von Körperkontakt, freundliche Zuwendung und wohlwollende Atmosphäre.**

- **Tendenz zur Überbehütung**

Sie wollen Ihrem Kind viel Schutz und Fürsorge zukommen lassen. Weil Sie Ihr Kind lieben, sorgen Sie sich sehr um sein Wohlbefinden und möchten es vor allem Unheil und Unangenehmen beschützen. Wenn Ihr Kind ein Säugling ist, dann ist es selbstverständlich (über-) lebensnotwendig, dass Sie genau wahrnehmen, was unangenehm für Ihr Kind sein könnte und ihm Erleichterung verschaffen. Je älter aber die Kinder werden, desto mehr müssen sie lernen, dass Schwierigkeiten, Pflichten und Unangenehmes zum Leben gehören. Sie brauchen Ihre Hilfe zur Selbsthilfe. Ein „Krisenklau", wie z.B. „Dazu bist Du noch zu klein! Lass mal, ich mache das!" durch die Eltern, erzieht die Kinder dazu, träge zu werden und die Verantwortung an andere abzugeben. Die Bewältigung von Aufgaben, die entwicklungsangemessen sind, stärken das Gefühl Ihres Kindes selbst etwas schaffen zu können. Zumutungen geben Mut zum Leben. Ihre Stärke, Kindern Schutz und Fürsorge bieten zu wollen, muss dem Alter der Kinder entsprechend überprüft werden. Je älter Ihr Kind ist desto weniger braucht es Ihre Kontrolle und Unterstützung. Stattdessen benötigt es Unabhängigkeit und Freiräume, in denen es sein eigenes Können entdecken kann. Überprüfen Sie, ob das Ausmaß Ihrer Fürsorge tatsächlich dem Alter Ihres Kindes entspricht. Überprüfen Sie realistisch die Situation nach wirklichen Gefahren, die für Ihr Kind bestehen könnten. Gestehen Sie Ihrem Kind eigene Erfahrungen zu und lernen Sie Ihre Angst um das Kind auszuhalten. Unterstützen Sie Ihr Kind darin, sich selbst zu erfahren und seine eigenen Grenzen zu erforschen. Es wird auch weiterhin, besonders in schwierigen Situationen, von selbst zu Ihnen kommen und Sie um Rat und Hilfe fragen, wenn es Sie braucht.

Anregungen: Könnte es sein, dass Sie aufgrund eigener Ängste, Ihrem Kind zu viele Einschränkungen machen? Überprüfen Sie die Situationen, in denen Sie denken, dass Sie Ihr Kind vor wirklichen Gefahren bewahren müssten. Sind es vielleicht eher Ihre persönlichen Ängste, die Sie in kritischen Situationen überrollen? Trauen Sie Ihrem Kind etwas zu und halten Sie auch hin und wieder Ihre Angst um Ihr

Kind aus? Geben Sie Ihrem Kind genügend Möglichkeiten, eigene Erfahrungen zu machen?

Wichtige **Schlüsselbegriffe**, die Ihnen bei einer Selbstüberprüfung hilfreich sein können sind: **Mitsorge** statt Überbehütung, **Freiräume ermöglichen** statt (über-)ängstlicher Einschränkungen, **Selbstständigkeit** fördern statt Abhängigkeiten von Ihnen zu unterstützen, **Anteilnahme** statt „fürsorglicher“ Belagerung

- **Achtung, Respekt**

Ihre Stärke ist, Ihr Kind als eigenständiges Wesen wahr- und ernst zu nehmen. Diese elterliche Haltung entspricht einer hohen Wertschätzung und Achtung gegenüber der kindlichen Persönlichkeit, d.h. Sie wissen und spüren, dass Ihr Kind nicht erst zu einem Menschen erzogen werden muss, sondern dass es vom ersten Lebenstag an schon ein eigenständiges Wesen ist. Einen Menschen wahrzunehmen, heißt auch, ihn in seinen Eigenarten zu respektieren. Das scheint Ihnen mit Ihrem Kind gut zu gelingen. Ihr Kind bekommt Anerkennung und wird von Ihnen auch in seinem Anderssein akzeptiert. Sie geben Ihrem Kind das Gefühl, dass es anders sein darf und damit kann es sich gut zu einer eigenständigen Persönlichkeit entwickeln. Zur Achtung gehört auch, Formen der Verständigung zu finden, die das Kind nicht klein machen, es entwerten oder demütigen. Sie finden meist den richtigen Ton und die richtige Art, Ihrem Kind zu vermitteln, dass seine Handlungen zwar im Moment nicht in Ordnung sind, aber es dennoch als *Person* von Ihnen Wertschätzung erhält.

Anregungen: Nehmen Sie weiterhin Ihr Kind als Person mit Eigen-Sinn wahr. Sie werden immer wieder erkennen, dass in ihrem Kind ganz tiefsinnige Gedanken stecken. Behalten Sie es bei, mit Sensibilität auf die Fragen Ihres Kindes einzugehen. Sie üben sich damit in Geduld und Verständnis. **Schlüsselbegriffe**, mit denen Sie Ihre Stärke „Achtung der kindlichen Persönlichkeit“ weiterentwickeln können, wären: **Anerkennung, Wertschätzung, positive Rückmeldung, Hilfe zur Selbsthilfe, Selbstbestimmung, Respekt, Wahrnehmung, Zeit für das Kind und mit ihm.**

- **Tendenz zur Missachtung**

Meist wissen Sie gut, was Sie als Erwachsene/r wollen und brauchen. Sie haben sehr klare Vorstellungen, was Ihr Kind zu tun oder zu lassen hat. Bei Meinungsverschiedenheiten konzentrieren Sie sich darauf, Ihre Vorstellungen durchzusetzen. Kinder lernen in schwierigen Situationen mit ungeduldigen oder wütenden Eltern umzugehen und zeigen selbst oft Anteilnahme, wenn ihre Eltern traurig oder krank sind. Kinder und Jugendliche nehmen es sich sehr zu Herzen, wenn Eltern sie demütigen, misshandeln oder abwerten. Kinder brauchen für ihre Selbstachtung und damit für die Achtung anderer aber ihrerseits ein liebevolles Gegenüber, das mit Nachsicht und Verständnis auf Fehler reagiert. Wenn man müde oder gestresst ist, kostet es Überwindung, geduldig zu bleiben, zuzuhören oder Sorgen zu teilen. Oft brauchen Eltern selbst viel Energie, um mit den Forderungen des Alltags zurechtzukommen. Es fehlt die Zeit, sich auf die Bedürfnisse des Kindes einzustellen und ihm zuzuhören oder mit ihm seine Sorgen zu teilen. Dadurch passiert es schnell, dass uns Kinder lästig werden oder wir sie zur Seite schieben, ohne es selbst zu merken. Auch die Art, wie wir in Konflikten mit ihnen umgehen, sie z.B. beschimpfen oder demütigen, verletzt die Seele des Kindes. Manchmal helfen Humor und ein gemeinsames Lachen, um wieder den Weg zueinander zu finden. Erwachsenen fällt es manchmal schwer, sich bei ihren Kindern für demütigendes Verhalten zu entschuldigen. Das ist keine Niederlage, sondern ein Beweis dafür, dass Sie die Würde des Kindes achten. Manchmal bedarf es der genaueren Selbstwahrnehmung, um zu erkennen, mit welchen Worten und Verhaltensweisen wir Kinder nicht ernst nehmen.

Anregungen: Beobachten Sie sich selbst: in welchen Situationen neigen Sie dazu, Ihr Kind nicht ernst zu nehmen und ihm das Gefühl zu geben, nicht erwünscht zu sein? Grenzen zu setzen bedeutet nicht, das Kind zu entwürdigen, es zu missachten oder es körperlich zu strafen. Verstärken Sie Ihren Blick darauf, was Ihr Kind gut kann. Können Sie die Stärken Ihres Kindes wahrnehmen und diese wohlwollend, mit Lob zur Kenntnis nehmen? Blicken Sie einmal in Ihre eigene Kindheit zurück und fragen Sie sich, in welchen Situationen Sie als Kind beleidigt, abgewertet oder vernachlässigt wurden und wie Sie sich damals gefühlt haben.

Dieser Blick in die eigene Kindheit, mit den damals erfahrenen Verletzungen und Demütigungen, kann helfen, einen Perspektivwechsel vorzunehmen und nachzuempfinden, wie sich Ihr Kind bei Missachtungen fühlen könnte. Manchmal steht uns auch unser Temperament im Wege, achtsam zu sein. Menschen, die eher aufbrausend, spontan und schnell beleidigt sind, haben es schwerer, angemessene Verhaltensweisen im Umgang mit Konfliktsituationen zu finden. Fragen Sie sich, wie Sie in Stresszeiten mit Ihrem Kind meistens reagieren und überlegen Sie, welche Alternativen es gäbe. Vielleicht können Sie mit einem anderen Menschen solche Alternativen gemeinsam entwickeln und sie dann erproben. In Elternkursen werden in Elterngruppen solche neue Möglichkeiten des Handelns im Erziehungsalltag erprobt. Das macht den Müttern und Vätern viel Freude und sie alle können für ihren Erziehungsalltag etwas Neues mitnehmen.

Schlüsselwörter, die Ihnen helfen sich selbst nochmals zu überprüfen sind: **Wertschätzung** statt Geringschätzung, **Respekt** statt Demütigung, **Wahrnehmung der kindlichen Bedürfnisse** statt Beleidigung, **Selbstbeobachtung** und Überlegung, welche Alternativen es zu den bisherigen Erziehungsweisen geben könnte.

- **Kooperation, Mitbestimmung**

Sie und Ihr Kind haben die Stärke, ein gutes Team zu sein. Durch Ihren Elternstil haben Sie die Fähigkeit, einen partnerschaftlichen Umgang mit Ihrem Kind zu leben. Wahrscheinlich haben Sie schon häufig erfahren, dass ihre Kinder ausgeglichener sind, wenn Sie in den Familienalltag und in Entscheidungen einbezogen werden. Sie schaffen es immer wieder, Ihr Kind mitbestimmen zu lassen, was für die Entwicklung des Kindes bedeutet, dass es das Gefühl hat, wichtig zu sein und für seine eigenen Belange auch selbst Lösungsmöglichkeiten zu finden. Nicht immer ist es nötig, alles miteinander „auszuhandeln". Im Interesse des Kindes müssen Eltern auch Grenzen vorgeben können. Sind solche Grenzen vorher mit den Kindern besprochen und darum auch bekannt, müssen sie nicht immer wieder neu erklärt werden. Sollten Sie ein Kreuz in der Säule Chaos haben, dann könnte es sein, dass es bei Ihnen zu viel Kooperationsangebote und vielleicht zu wenig Strukturvorgaben gibt. Beides hängt eng miteinander zusammen und ergänzt sich zu einer entwicklungsfördernden Haltung, in der

Mitbestimmung und Mitbeteiligung ebenso wichtig sind wie klare Orientierungen.

Anregungen: Um Ihre Stärke „Kooperation" beibehalten oder gegebenenfalls weiter ausbauen zu können, könnten Sie sich fragen, in welchen Bereichen es wichtig ist, Ihre Kinder auch weiterhin mit einzubeziehen und sie nach ihrer Meinung zu fragen. Gleichzeitig ist es aber auch nötig, die eigenen Positionen zu vertreten. Was sind Ihre eigenen Werte? Vertreten Sie Ihre Meinung? Eine sinnvolle Grenzsetzung (oder Regeln) bezieht die Entscheidung eines Kindes mit ein. Durch diese Mitbestimmung lernt Ihr Kind auch weiterhin Konsequenzen für sein Verhalten selbst zu tragen. Es kann sinnvoll sein, Familienregeln zusammen mit dem Kind festzulegen und zu vereinbaren, welche Konsequenzen es tragen muss, falls es gegen diese Vereinbarungen verstößt. Es ist wichtig, dass diese Konsequenzen dann aber auch durchgeführt werden. Allerdings gibt es auch Situationen, in denen Sie Ihre Erziehungsautorität deutlich machen und Ihrem Kind Orientierungen geben müssen. Hier kann zu viel reden und diskutieren eher dazu führen, dass ihr Kind das Gefühl hat zu „siegen". Überprüfen Sie Ihre eigenen Werte in der Erziehung, die Sie als Person auch in den „Verhandlungen" mit Ihrem Kind deutlich vertreten. Einige **Schlüsselbegriffe**, die Sie in Ihrer Stärke „Kooperation" noch einmal überdenken können sind: **minimale Lenkung, Übergabe von Verantwortung, Begleitung, Selbst -und Mitbestimmung, Unterstützung und Ermutigung.**

- **Tendenz zur Bevormundung**

Sie geben Ihrem Kind klare Vorgaben und sind fordernd bezogen auf seine Entwicklung.

Das kann, wenn es nicht ein durchgängiges Verhalten ist, hin und wieder notwendig sein. Aber wie sieht es denn mit der Meinung Ihres Kindes aus? Kinder und Jugendliche haben ein Recht darauf, ihre Meinung zu vertreten und eigene Ideen einzubringen. Oft wissen Eltern, die ihre Kinder gut wahrnehmen, tatsächlich sehr viel über sie und von ihnen. Doch wissen Sie es tatsächlich besser als das Kind selbst? Möglicherweise treffen Sie viele Entscheidungen ***für*** das Kind – also über seinen Kopf hinweg – und entwickeln diese nicht oft genug ***mit ihm gemeinsam***. Ihr Kind kann dann nicht lernen, was es heißt, Verantwortung für sich und sein Leben zu übernehmen. Es wird bequem und wird wenig Eigeninitiative entwickeln, weil es stattdessen gelernt hat: Es gibt immer andere, die es schon besser wissen, was ich zu tun habe. Warum soll ich mich eigentlich anstrengen, ich mache es sowieso nicht richtig. Kinder wollen kooperieren, aber sie müssen die Möglichkeit haben, das auch zu lernen. Das geht am besten, wenn sie in den Familienalltag und in Entscheidungen einbezogen werden, wenn sie nach ihrer Meinung gefragt werden und diese auch Berücksichtigung findet. Das könnte in Ihrer Familie noch etwas mehr ausgebaut werden.

Anregungen: Überprüfen Sie Ihren Alltag, indem Sie sich fragen, welche Freiräume Sie Ihrem Kind schenken können. Fragen Sie sich, ob Ihre Ziele und Verhaltenvorgaben für Ihr Kind wichtig und gut sind. Vielleicht sind Sie es selbst, die diese klaren Verhaltensvorgaben benötigen, um nicht die Orientierung zu verlieren und damit von Ihrem Kind als schwach angesehen zu werden. Suchen Sie nach Möglichkeiten und Situationen, in denen Sie mit Ihrem Kind kooperieren und gemeinsame Entscheidungen treffen können? Überprüfen Sie, wann Sie über den Kopf des Kindes hinweg bestimmen, weil Sie glauben, es besser zu wissen. Eine weitere Anregung, Ihre Beziehung und Ihr Verhalten Ihrem Kind gegenüber zu überprüfen, könnten folgende **Schlüsselbegriffe** sein: **minimale Lenkung** statt maximaler Lenkung, **Übergabe von Verantwortung** statt Einschränkung von Verantwortung, **loslassendes Begleiten** statt Verbote und Kontrolle, **Selbst- und Mitbestimmung** statt Fremdbestimmung; **Unterstützung und Ermutigung** statt Drohungen.

- **Struktur, Grenzen**

Ihre Stärke ist die Klarheit. Sie kennen Ihre eigenen Werte und Grenzen ganz gut und sind demnach auch in der Lage, Ihrem Kind klare Grenzen zu setzen. Sie zeigen Ihrem Kind gegenüber Verbindlichkeit, d.h. es kann immer mit Ihnen rechnen und sich auf Sie verlassen. Ihr Kind kennt Ihre familiären Rituale und Regeln und weiß auch, dass bei Nichteinhaltung der Regeln eine erwartbare Konsequenz folgen wird. Familiäre Absprachen haben für alle Familienangehörigen Gültigkeit. Meistens werden sie auch von Ihnen als Vorbild eingehalten. Durch Ihre Klarheit schaffen Sie es, den Konflikt selbst von der Person Ihres Kindes zu trennen, in dem Sie eher Botschaften geben, wie: „Mir gefällt das nicht, dass du nicht zur verabredeten Zeit nach Hause kommst“, statt „Weil du zu spät gekommen bist, habe ich dich nicht mehr lieb.“

Anregungen: Behalten Sie Ihre Klarheit bei, indem Sie in Ihrem Kind in der „Ich-Form“ Ihre Stimmung und Ihre Gefühle mitteilen, ohne dabei autoritär werden zu müssen. Seien Sie weiterhin geduldig und kompromissfähig. Durch ein genaues Zuhören vermeiden Sie, Ihrem Kind die Antwort bereits in den Mund zu legen. Sie schenken Ihrem Kind dadurch Orientierung, Sicherheit und Kontinuität, die gepaart mit Liebe, Vertrauen und Verständnis wichtige Stützpfeiler einer gelingenden Beziehung zwischen Eltern und Kindern sind. Einige **Schlüsselbegriffe**, die Ihnen zur eigenen Überprüfung Ihrer Stärke dienlich sein können sind: **Verbindlichkeit, Konsequenz, klare Grenzen, Rituale und Regeln, Klarheit, Verlässlichkeit, Kontinuität.**

- **Tendenz zum Chaos**

Oft legen Sie spontan fest – abhängig von Ihrer Stimmung oder davon, was die Situation gerade erfordert – wie weit Ihr Kind gehen darf und was verboten ist. Sie haben häufig Schwierigkeiten damit, Grenzen zu setzen. Sie bestehen nicht unbedingt darauf, dass Ihr Kind Regeln und Grenzen beachten muss. Manchmal gibt es, je nach Lust und Laune, Situationen, in denen Sie fordernd und bestimmend sind, dann wieder lassen Sie die Dinge so laufen. Flexibel in bestimmten Situationen zu reagieren, ermöglicht Ihnen und Ihrem Kind, jede Situation neu zu prüfen und auszuhandeln. Der Nachteil, in allen Situationen flexibel sein zu wollen, kann bedeuten, keine klare Orientierung zu haben, weder für sich selbst noch für Ihr Kind. Eltern müssen als Vorbilder selbst Verbindlichkeit und Verlässlichkeit zeigen. In einem Zusammenleben, in dem alles erlaubt ist, entwickelt sich schnell Chaos. Zu viele Unklarheiten führen bei Eltern und Kindern zur Überforderung. Es kann dabei schnell zu einer Spirale kommen, in der Eltern immer hilfloser und Kinder immer dominanter werden. Vielleicht haben Sie auch Angst, Grenzen zu setzen, weil Sie denken, Ihr Kind könne Sie dann weniger lieb haben? Liebe und Orientierung gehören aber zusammen. Gerade weil Sie es lieben, sollten Sie ihm helfen zu lernen, sich in einer Gemeinschaft zu Recht zu finden und auf die Bedürfnisse anderer Rücksicht zu nehmen. Auch für Sie selbst wäre das Leben leichter, wenn für Sie wichtige Anliegen eindeutiger geregelt wären. Dabei sind Eltern selbst Vorbild: Sie sollten zuverlässig und berechenbar sein, für einen strukturierten Tagesablauf sorgen und die erwünschten Verhaltenregeln selbst beherzigen. Eine Mutter, die z.B. selbst ständig zu spät kommt, wird ihre Tochter nur schwer zur Pünktlichkeit erziehen können.

Anregungen: Es könnte hilfreich sein, wenn Sie sich Ihren eigenen Tagesablauf nochmals vergegenwärtigen. Sie könnten aufschreiben, wann Sie was machen und warum Sie es machen. Welches Ziel verfolgen sie dabei? Welche dieser Tätigkeiten sind Ihnen wichtig? Welche Werte wollen Sie in Ihrer Familie leben? Fragen Sie Ihr Kind nach seinen Bedürfnissen, schreiben Sie auch diese auf und setzen Sie Ihre Bedürfnisse daneben. Welche Alternativen gibt es, wenn sich die Bedürfnisse nicht vereinbaren lassen? (z.B. Ihr Kind hört laute Musik, Sie brauchen Ruhe?) Besprechen Sie mit Ihrem Kind Ihre Alternativen und entwickeln Sie daraus gemeinsame Familieregeln. Legen Sie auch gemeinsam die Konsequenzen bei Nichteinhaltung fest und halten Sie sich daran. Besprechen Sie in regelmäßigen Familiensitzungen Ihre gemeinsamen Wünsche und Bedürfnisse und Vorstellungen des Familienlebens. Vielleicht hat sich inzwischen etwas verändert und die Regeln müssen durch andere ersetzt werden? **Schlüsselwörter**, die Ihnen dabei helfen können, Ihre Beziehung und Erziehung zu Ihrem Kind nochmals zu reflektieren sind: **Konsequenz** statt Inkonsequenz, **Struktur** statt Chaos, **Grenzen** setzten statt Grenzenlosigkeit, **Rituale und Regeln** statt Unverbindlichkeit, **Verlässlichkeit** statt Unberechenbarkeit.

- **Förderung, Unterstützung**

Ihre Stärke sind Kreativität und Einfühlung. Sie wissen: Bildung bedeutet nicht allein, Wissen zu vermitteln, sondern Erfahrungen aller Art zu ermöglichen. Ihre Stärke ist es, der angeborenen Neugierde Ihres Kindes kreativ und einfühlsam zu begegnen Durch Ihre eigenen weit gefächerten Interessen bieten Sie Ihrem Kind viele Anregungen, die sich im sprachlichen, sinnlichen oder kulturellen Bereich bewegen. Sie wollen Ihrem Kind kein Wissen eintrichtern, sondern es Erfahrungen mit der Welt machen lassen. Lernen ist wichtig, aber Freude und Spaß daran, gehören für Sie dazu. Sie ermöglichen Ihrem Kind eigene Erfahrungen zu machen und die Neugierde an der Welt nicht zu verlieren. Ihr Kind entdeckt die Welt, darf als kleines Kind anfassen, erkunden, greifen und begreifen und als älter werdendes Kind neue Erfahrungen sammeln. Mit Ihnen und durch Sie erfährt das Kind die Familie als eine „Lehr- und Lernwerkstatt", einen Ort, an dem es Erfahrungen machen, austauschen und kommunizieren kann. Diese Lernmotivation nimmt es in den Kindergarten, die Schule und sein Leben mit: die Botschaft lautet: Lernen heißt, sich anzustrengen und das kann Freude machen.

Anregungen: Unterstützen Sie Ihr Kind weiterhin dabei, seine Neugierde zu stillen und Einfälle in die Tat umzusetzen, dann wird es täglich Fortschritte beim Forschen, Sammeln und Erfinden machen und eines Tages feststellen: „Ich bin mein eigener Lehrer!". Ihr Kind erfährt dadurch viel Sicherheit und kann auf neue Dinge und Ereignisse mit Freude und Interesse zugehen. Eine wichtige Aufgabe der Eltern ist es, Ihren Kindern Erfahrungsräume zu ermöglichen, sie ihm nahe zu bringen und darauf zu achten, wo Sie dem neugierigen Lernen des Kindes durch zu viel Informationsstoff entgegenstehen und damit weitere Lernmotivation verhindern.

Die folgenden **Schlüsselwörter** können Ihnen zur Überprüfung Ihrer Stärke dienlich sein: **Bereitstellung einer anregungsreichen Umgebung, Unterstützung des Neugierverhaltens, Bereitstellung von Welt- und Lebenszusammenhängen, Beantwortung von Fragen, sinnliche Erfahrungen zulassen, Lernen arrangieren, Bereitstellung von Wissen in verschiedenen Bereichen**.

- **Tendenz zum Perfektionismus**

Eine Aufgabe des Elternseins nehmen Sie besonders ernst: Ihr Kind gut vorzubereiten auf die Zukunft in einer leistungsorientierten Gesellschaft. Sie sorgen für viele Bildungsaktivitäten, fordern es häufig auf zu lernen und zu experimentieren und geben auch ungefragt Wissen weiter. Ihr Kind soll besonders in den Ihnen wichtigen Bereichen Ehrgeiz und Leistung zeigen. Sie wollen das Beste für Ihr Kind – wollen aber auch das „beste" Kind, das alle seine Möglichkeiten ausschöpft: Achten Sie darauf, dass Ihr guter Wille nicht in Perfektionismus umschlägt. Wenn Sie ausschließlich die Zukunftschancen Ihres Kindes im Blick haben, verfallen Sie schnell in ein „Höchstleistungsprogramm“ und sind enttäuscht, falls Ihr Kind Ihren Ansprüchen nicht genügt. Eltern, die dazu neigen, aus Ihrem Kind ein perfektes Kind machen zu wollen, haben oft große Angst davor, etwas falsch zu machen und selbst schlecht dazustehen. Aber: Es ist normal und in Ordnung, dass auch Eltern Fehler machen – aus denen Sie und Ihr Kind gemeinsam lernen können.

Anregungen: Überprüfen Sie, am besten im Gespräch mit anderen Eltern, Erzieherinnen oder Lehrern, Ihre Ansprüche und Erwartungen. Überprüfen Sie Ihre eigenen Maßstäbe und fragen Sie sich, ob diese vielleicht für Ihr Kind zu hoch sind. Könnte es sein, dass sie eher aufgaben- und zielorientiert sind statt unterstützend und entwicklungsorientiert? Lassen Sie Ihrem Kind viel Raum für eigene Experimente und Kreativität, auch wenn das Ergebnis, aus Ihrer Sicht, manchmal nicht so perfekt ausfällt?

Die folgenden **Schlüsselwörter** können Ihnen zur Überprüfung Ihrer Stärke dienlich sein**: Bereitstellung einer anregungsreichen Umgebung** statt übermäßiges Leistungsstreben; **Unterstützung des Neugierverhaltens** statt ehrgeizigem Drill; **Bereitstellung von Welt- und Lebenszusammenhängen** statt Zukunftsorientierung; **Beantwortung von Frag**en statt endloser Erklärungen und Informations-Inputs.

- **Entlastung durch persönlichen Austausch**

Ihre große Stärke liegt darin, offen auf andere Menschen zuzugehen und verlässliche, vertrauensvolle Beziehungen aufzubauen. Ihre persönliche Einstellung, nicht perfekt sein zu müssen, hilft Ihnen, sich selbst immer wieder mal in Frage zu stellen und über eigene Schwierigkeiten zu sprechen. Dadurch finden Sie einerseits **Entlastung**, indem Sie erleben, dass es anderen Menschen oft ganz ähnlich geht wie ihnen, andererseits eröffnen Sie sich damit auch eine **große Chance zur persönlichen Weiterentwicklung**. Durch Ihren förderlichen Umgang mit anderen gelingt es Ihnen leicht, ein stabiles, unterstützendes Netzwerk von Menschen aufzubauen, von denen Sie sich angenommen fühlen, denen Sie vertrauen können und die Ihnen Entlastung und Rückhalt im Alltag bieten. Für eine entwicklungsfördernde Beziehung zu Ihrem Kind sind Ausgeglichenheit, Geduld und Leichtigkeit **wichtige** Stützpfeiler. Ihre sozialen

Kontakte bieten Ihnen eine wichtige Quelle, um Kraft für den Familienalltag zu schöpfen. Durch Ihr Vorbild helfen Sie auch Ihrem Kind, gelingende soziale Kontakte zu anderen aufzubauen.

Anregung: Nutzen Sie weiterhin Ihre Stärke, offen auf andere Menschen zuzugehen.

Soziale Beziehungen ermöglichen es Ihnen im Alltag, **praktische Unterstützung** und **Entlastung** zu bekommen. Eine wesentliche Grundlage für verlässliche, zwischenmenschliche Beziehungen bildet die **Gegenseitigkeit**. Um Ihre Kontakte dauerhaft zu festigen, könnten Sie sich fragen, ob es in Ihrem Netzwerk eine **gute Balance von „Geben“ und „Nehmen“** gibt.

Neben praktischer Unterstützung ist vor allem auch **emotionaler Rückhalt** wichtig, um die Herausforderungen des Alltags bewältigen zu können. Um Ihre emotionalen Beziehungen zu festigen, könnten Sie sich fragen, ob diese Beziehungen von gegenseitigem **Vertrauen** geprägt sind. Gerade in Krisensituationen ist es wichtig, Menschen zu haben, die zuhören, sich einfühlen und echte Anteilnahme zeigen können. Das Gefühl, angenommen und verstanden zu werden, hilft nachhaltig und bietet Ihnen die Chance, eigene kreative Lösungswege für Ihre Schwierigkeiten zu entwickeln. Krisenbewältigung kann so zu einer persönlichen Weiterentwicklung und einer Stärkung des Vertrauens in sich selbst führen. Eine weitere Anregung, um Ihre sozialen Beziehungen zu vertiefen, könnten folgende **Schlüsselbegriffe** sein: **Vertrauen, Gegenseitigkeit, Verbindlichkeit, echte Anteilnahme, Weiterentwicklung**.

- **Tendenz zu geringem Austausch**

Zur Bewältigung Ihrer Familienaufgaben greifen Sie eher selten auf Hilfe und Unterstützung von anderen zurück. Das kann, wenn es **keine** grundsätzliche Einstellung ist, ein Zeichen von Selbstverantwortlichkeit und Selbständigkeit sein. Es kann aber auch ein zu hoher Anspruch an sich selbst sein, der leicht zu einer Überforderung führen kann. Haben Sie Menschen in Ihrer Umgebung, die in schwierigen Alltagssituationen spontan für Sie einspringen könnten? Oder mangelt es Ihnen an solchen praktischen Unterstützungsmöglichkeiten? Haben Sie eine(n) vertrauensvolle(n) Ansprechpartner(in), der/dem Sie einfach mal Ihr Herz ausschütten können und von der/dem Sie sich angenommen oder verstanden fühlen? Oder fühlen Sie sich häufig mit Ihren Fragen, Sorgen oder Ängsten allein gelassen? Um Ihrem Kind die Aufmerksamkeit und Geduld entgegenbringen zu können, die es für eine gesunde Entwicklung benötigt, sind Ausgeglichenheit und Gelassenheit sehr wichtige Stützpfeiler. Ein Netzwerk aus Menschen, auf die man sich verlassen kann und die sich im Alltag gegenseitig praktisch und emotional unterstützen, kann sehr viel Entlastung bringen, aus der Sie Kraft für Ihre Familien- und Erziehungsanforderungen schöpfen können. Durch die Pflege von kooperativen sozialen Kontakten bieten Sie darüber hinaus Ihrem Kind ein gutes Vorbild und erleichtern es ihm, seinerseits förderliche Kontakte zu anderen aufbauen zu können.

Anregungen: Sehen Sie es nicht als Schwäche sondern als Stärke an, andere um Unterstützung zu bitten. Hinter dem Anspruch, die Anforderungen des Alltags möglichst alleine bewältigen zu müssen, verbirgt sich häufig das Gefühl eigener Unzulänglichkeit und die Ansicht, *nur* man selbst sei überfordert, während andere die Anforderungen des Familienalltags spielend bewältigen. Kennen Sie dieses Gefühl? Sehr entlastend kann in diesem Fall der Austausch mit anderen (Eltern) wirken, da Sie dann häufig die Erfahrung machen werden, dass Sie eben nicht alleine da stehen, sondern andere (Eltern) mit sehr ähnlichen Fragen und Schwierigkeiten beschäftigt sind – so wie Sie selbst auch. Diese Erkenntnis kann es Ihnen erleichtern, sich anderen vertrauensvoll zu öffnen. Im Gespräch können unterschiedliche Erfahrungen und Sichtweisen ausgetauscht werden und dazu beitragen, die eigene Situation aus einem anderen Blickwinkel zu betrachten, um somit zu neuen, kreativen Lösungsmöglichkeiten zu finden. Gerade der Austausch über Erziehungsfragen kann das Vertrauen in Ihre eigenen Fähigkeiten stärken und Ihnen Erziehungssicherheit geben. In vielen Elternbildungsangeboten spielt der partnerschaftliche und dialogische Austausch zwischen Eltern und die Unterstützung von elterlichen Selbsthilfeinitiativen eine zentrale Rolle. In der Elterngruppe können Sie die stärkende Wirkung eines wertschätzenden, respektvollen Umgangs miteinander erfahren. Das gibt Ihnen Selbstvertrauen und erleichtert es Ihnen, vertrauensvolle, verlässliche Beziehungen zu anderen aufzubauen. Diese Erfahrungen können Sie in Ihren Familienalltag mitnehmen und dadurch eine entwicklungsfördernde Beziehung zwischen sich und Ihrem Kind nachhaltig unterstützen.

Wichtige **Schlüsselbegriffe**, die für Sie hilfreich sein könnten sind: **Hilfe annehmen zu können** statt Eigenständigkeit zu demonstrieren, **Offenheit** statt Zurückgezogenheit, **Vertrauen** statt Misstrauen, s**ich und andere wertschätzen** statt Geringschätzung, **Selbstinitiative entwickeln** statt darauf zu warten, dass andere auf Sie zukommen

Sowohl die Fragen und die Zuordnungen in dem Eltern-Stärken-Test als auch die Auswertungstexte basieren auf einer theoretischen Grundlage, die als „Pädagogik der Achtung" bezeichnet werden kann. Den Ideen zum Test liegt ein Grundmodell zugrunde, das von Sigrid Tschöpe-Scheffler entwickelt wurde und mit den „Fünf Säulen einer entwicklungsfördernden Erziehung" im Folgenden beschrieben wird.

5. Was ist eine „gute" Erziehung?

Sigrid Tschöpe-Scheffler

Die Frage, was eine „gute“ Erziehung von einer „schlechten“ unterscheidet, ist so alt wie die Frage nach Erziehung überhaupt. Wenn es darauf auch keine eindeutige Antwort gibt, so kann doch von grundlegenden Eckpfeilern ausgegangen werden, wie sie bereits von den Klassikerinnen und Klassikern der Pädagogik (wie z. B. Johann Heinrich Pestalozzi, Maria Montessori, Janusz Korczak, u.a.) beschrieben wurden und heute durch neuere Forschungsergebnisse zur Wirkung von Erziehungsstilen bestätigt werden.

Anknüpfend an die Definition von Schneewind (1999, S. 139), der „gute Erziehung“ mit den Worten: „kompetente Eltern haben auch kompetente Kinder“ umschreibt, stellen sich folgende Fragen an eine „gute“ Erziehung:

- **Was macht die Stärke von Eltern aus, die es Kindern ermöglicht, selbst stark zu sein oder zu werden?**
- **Welche Merkmale kennzeichnen elterliche Kompetenz, mit deren Hilfe die kindliche Kompetenz wachsen kann und wie kann die elterliche Kompetenz unterstützt werden?**

Und um auch den Gegenpol in den Blick zu nehmen, soll weiter gefragt werden:

- **Was kennzeichnet mangelnde Kompetenz im Erziehungsverhalten?**
- **Welche Folgen lassen sich daraus für die kindliche Entwicklung ableiten?**

Die „Fünf Säulen der Erziehung[1]„ stellen ein idealtypisches Modell dar, das als Orientierung und als diagnostisches Instrumentarium gedacht ist, um einerseits die eigenen Stärken, wie Liebe, Achtung, Kooperation, Struktur und Förderung aber auch Missachtung, Demütigung und seelische Verletzung selbst besser wahrnehmen zu können.

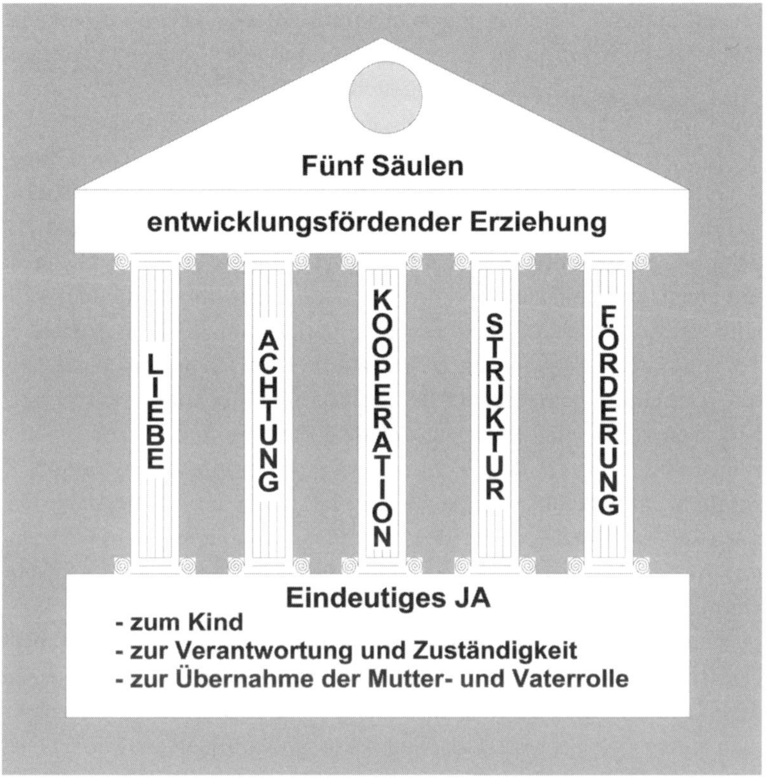

Abbildung 1: Fünf Säulen der Erziehung (© Tschöpe-Scheffler 2003c)

---

1 In meiner Publikation „Fünf Säulen der Erziehung. Wege zu einem entwicklungsfördernden Miteinander von Erwachsenen und Kindern" habe ich die entwicklungsfördernden und entwicklungshemmenden Aspekte der Erziehung ausführlich beschrieben, in: Tschöpe-Scheffler 2003c, siehe auch Tschöpe-Scheffler 2003b und Tschöpe-Scheffler 2004c

- **Entwicklungsfördernde Erziehungshaltung:**

Eltern, die ihrem Kind entwicklungsfördernde Unterstützung geben, fühlen sich zuständig und bejahen sowohl ihr Kind als auch die Aufgaben, die mit Erziehung und Beziehung verbunden sind. Sie sind bereit, ihren Lebensentwurf mit dem des Kindes zu verbinden und mit Veränderungen in ihrem eigenen Leben zu rechnen, sie zu akzeptieren, ja diese sogar als individuelle Entwicklungschancen zu verstehen. Diese Haltung stellt die Basis für die Entwicklung von Liebe, Achtung, Kooperation, Struktur und Förderung dar.

Die fünf Säulen

Wahrnehmende Liebe zeigt sich durch liebevolle Zuwendung, Anteilnahme, Verständnis und Trost. Das Kind bekommt die Chance, aus dem Urvertrauen heraus seine eigenen Schritte zu wagen und zunehmend selbständig und unabhängig zu werden. Auf einem Plakat mit einem krabbelnden Kleinkind, das eine Treppe hinaufklettern will, wird dieses Verhältnis von Bindung und Autonomie mit folgender Textzeile deutlich gemacht: „Gipfelstürmer brauchen eine Basisstation“. Der emotionale Aspekt (die „Basisstation“) bekommt durch Körperkontakt, Lächeln, einer zugewandten Haltung und Blickkontakten seinen Ausdruck. Gefühle werden gezeigt und sind zärtlich, innig, fürsorglich, mitleidend, mitsorgend, herzlich, gütig und einfühlsam. Die Atmosphäre in der Familie ist wohlwollend und gemäß dem Geburtstagslied: „Wie schön, dass du geboren bist, wir hätten dich sonst sehr vermisst“, fühlt sich das Kind zugehörig und geliebt.

Durch ***Achtung und Respekt,*** der zweiten Säule einer entwicklungsfördernden Erziehung, erfährt das Kind, dass es als Person mit seinen Eigenheiten, seinen eigenen Sichtweisen und Bedürfnissen angenommen und respektiert wird. Das Kind bekommt vermittelt „so wie du bist, bist du in Ordnung“, wodurch es Selbstsicherheit und Selbstvertrauen aufbauen kann. Die Grundhaltung von Vater und Mutter ist von hoher Wertschätzung gegenüber der kindlichen Individualität geprägt, sie trauen und muten ihrem Kind eigene Wege zu und halten es für fähig, selbst Lösungen für sein Wollen und Streben zu finden. Im Vordergrund steht der Respekt vor dem „Eigen-Sinn“ des Kindes.

Kooperation und Mitbestimmung: das Kind fühlt sich in der Beziehung zu seinen Eltern als gleich-würdige Person. Seine Meinung ist den Eltern wichtig und es wird an Entscheidungen, die es selbst betreffen, beteiligt. Das Kind lernt somit die Konsequenzen für sein eigenes Verhalten zu tragen, es lernt Probleme selber zu lösen und entwickelt auf dieser Grundlage Kooperations- und Kommunikationsfähigkeiten sowie Verantwortungsbewusstsein. Das Miteinander, Begegnungen, Gespräche und wechselseitiges Verstehen und ein „Um-Verständnis-Ringen" in der Eltern-Kind-Beziehung stehen bei dieser Säule im Mittelpunkt.

***Struktur* und *Verbindlichkeit*:** Bei dieser entwicklungsfördernden Säule geht es um Verbindlichkeit in dem Sinne, dass geltende Regeln allen bekannt und einsichtig sind. Werden abgesprochene und begründete Regeln nicht eingehalten, hat das erwartbare Konsequenzen, die durchgeführt und nicht nur angedroht werden. Auch Rituale des Alltags, wie z.B. feste Familienrituale oder Tagesrituale, wie Mahlzeiten oder eine „Gute-Nacht-Geschichte" und Gewohnheiten in der Lebensführung geben Strukturen vor und damit Orientierungen. Dadurch wird eine Verlässlichkeit und Kontinuität ermöglicht, die dem Kind Handlungssicherheit gibt. Das Kind nimmt seine Eltern mit ihrer Erziehungsautorität als Identifikationspersonen wahr und lernt notwendige Regeln und Grenzen zu akzeptieren.

***Förderung*:** Das Kind findet eine vielfältige, anregungsreiche Umgebung vor, die ihm sprachliche, motorische, intellektuelle und sinnliche Erfahrungen ermöglicht. Nicht das „Eintrichtern" von Wissen, sondern das selbsttätige Lernen durch Erfahrungen steht hierbei im Vordergrund. Es geht um die Bereitstellung von Welt- und Lebenszusammenhängen, um Kulturaneignung. Die natürliche Neugier des Kindes wird unterstützt, Fragen werden gemeinsam erarbeitet oder dem Kind ein Weg gezeigt, um selbständig Antworten finden zu können. Das Kind entwickelt vielfältige Interessen und Fähigkeiten und lernt seine eigenen Stärken wahrzunehmen und zu nutzen.

- **Entwicklungshemmende Erziehungshaltung**

Ist die Grundbasis der Beziehung zwischen dem Kind und dem Erwachsenen rigide, durch Desinteresse geprägt oder gar feindselig und tritt anstelle einer Zustimmung zum Kind eher Ablehnung oder eine ambivalente Haltung, dann wird kaum eine sichere Bindung zwischen Mutter und Kind bzw. Vater und Kind entstehen können. Eine sichere Bindung ist aber für die Persönlichkeitsentwicklung des Kindes von grundlegender Bedeutung.

Das passiert, wenn z.B. statt einer wahrnehmenden Liebe entweder zu viel Distanz vorhanden ist und emotionale Kälte entsteht oder, was häufiger zutrifft, Kinder durch „überfürsorgliche Belagerung“ und Überbehütung an ihrer eigenen Entwicklung gehindert werden. Wird das Kind entwürdigt oder erniedrigt, dann tritt an die Stelle von Achtung Missachtung. Typische Ausprägungen dieses Verhaltens in der Erziehung sind ironische Kommentare, Demütigungen, häufige Maßregelungen, Abwertungen und Verachtung. Werden Argumente von Kindern weder gehört noch aufgegriffen, dem Kind wenig zugetraut und seine Möglichkeit zur Verantwortungsübernahme eingeschränkt, dann ist **Dirigismus** in der Familie stärker ausgeprägt als Kooperation. Gibt es in der Familie kaum Grenzen und Orientierungen, tritt an die Stelle von Struktur **Chaos und Beliebigkeit.**

Entwicklungshemmendes Verhalten: meist „zuviel“ oder „zuwenig“

In einer anregungsarmen Umgebung wird das Kind zu wenig in seinem Neugier- und Lernverhalten unterstützt und da, wo übertriebene Leistung, Perfektion und das „gut funktionierende“ Kind gefordert werden, kann es zu einer **Über-Förderung** kommen. Einseitige Förderungsabsichten und zu wenig Förderung stellen den Gegenpol zur umfassenden Förderung dar.

Die Umsetzung einer **entwicklungsfördernden Erziehung** zeigt sich sowohl in einem **dialogischen Beziehungsverhältnis als auch in der Erziehungspräsenz** der Eltern.

Sie bietet allgemeingültige Voraussetzungen für die Entwicklung einer starken, leistungsfähigen und verantwortungsbewussten Persönlichkeit. Sie orientiert sich an einem „autoritativen Erziehungsstil“. Er stellt sich durch die akzeptierende, liebevolle Begegnung dar, in der Erwachsene mit Kindern kooperieren, sich aber auch in ihrer elterlichen Präsenz zeigen und Kindern Orientierungen geben. Der **autoritative** Erziehungsstil ist nicht mit dem **autoritären Stil** zu verwechseln, in dem dirigistisch Befehle erteilt werden und das Kind als Objekt behandelt wird.

Mit Hilfe eines autoritativen Erziehungsstils ist das Kind in der Lage, Selbstwertgefühl und Selbstregulation aufzubauen und Lebensorientierungen zu finden.

Demgegenüber verhindert eine **vorwiegend** entwicklungshemmende Erziehung die wichtige Selbstregulierungskraft des Kindes, die es benötigt, um aus eigenem Antrieb „stark" und lebenskompetent zu sein; der entsprechende Erziehungsstil kann in diesem Fall autoritär, permissiv oder laissez-faire sein.

Abbildung 2: Fünf Säulen der Erziehung (© Tschöpe-Scheffler, 2003b)

Die entwicklungshemmenden Säulen, die als „Schattensäulen" in der Grafik (Abbildung 2) dargestellt werden, sind in den seltensten Fällen in ihren Extremen alleine vorhanden. Und trotz der besten Vorsätze und Absichten gelingt keinem Vater und keiner Mutter das „Ideal" einer entwicklungsfördernden Erziehung. Dies wäre auch gar nicht wünschenswert, da durch Fehler und Schwächen, zu denen auch Eltern sich gegenüber ihren Kindern bekennen dürfen, das lebendige

Leben in seiner Vielfalt repräsentiert wird. Es gehört zum Erziehungsalltag, dass Eltern manchmal überfürsorglich sind oder ihr Kind anschreien und es demütigen oder dass es Tage gibt, an denen es eher chaotisch und grenzenlos zugeht. Erst dann, wenn eine der entwicklungshemmenden Dimensionen zu stark und über einen langen Zeitraum das Erziehungsgeschehen dominiert, werden die entwicklungshemmenden Bedingungen für das Kind und für die Beziehung problematisch: wenn z.B. die sichere Bindung fehlt oder das Kind zu viel Kontrolle und zu wenig Autonomie oder vorwiegend Missachtung und wenig Achtung erfährt oder wenn in der Familie alles „ausgehandelt" wird und gleichzeitig Strukturen und Grenzsetzungen fehlen.

Die folgende Übersicht stellt zusammenfassend die „Fünf Säulen" in ihren jeweiligen Ausprägungsformen gegenüber:

Die fünf Säulen der Erziehung	
Entwicklungsfördernde Aspekte	**Entwicklungshemmende Aspekte**
• Die Erziehung wird als dialogische Begegnung des Miteinander-Umgehens verstanden • der Erziehungsstil ist demokratisch, sozial-integrativ, autoritativ • das Kind wird als **Subjekt** wahrgenommen • die Elternrolle wird bejaht und elterliche Erziehungspräsenz gezeigt	• Die Erziehung entspricht entweder dem autoritären oder dem permissiven Erziehungsstil • Kind wird vorwiegend als **Objekt** der Erziehung wahrgenommen • Elternrolle kann ablehnend- feindlich, ambivalent und/oder dominant sein

Entwicklungsfördernde Aspekte	Entwicklungshemmende Aspekte
emotionale Wärme	**emotionale Kälte/ emotionale Überhitzung**
• protection • emotionale Wärme • Anteilnahme • Trost • Lächeln • wohlwollende Atmosphäre • Körperkontakt ermöglichen • liebevoll, freundlich zugewandt • Für- und Mitsorge • wahrnehmende Liebe	• Ablehnung • Distanz • Desinteresse • Vermeidung von Körperkontakt • Ignoranz • unfreundlich abgewandt • zurückweisende Haltung • overprotection • emotionale Überhitzung • Überbehütung • Einengung, Enge • Abhängigkeit • Körperkontakt fordern • kontrollierend zugewandt • „fürsorgliche Belagerung" • besitzergreifende Liebe
Achtung	**Missachtung**
• Anerkennung • Wertschätzung • positive Rückmeldung • Lob • Hilfe zur Selbsthilfe • Selbstbestimmung • Respekt • Bedürfnisse wahrnehmen • Erklärungen abgeben • zugewandte Haltung • Wohlwollen • Zeit mit dem Kind	• Geringschätzung • Abwertung • Nörgeln, negative Rückmeldungen • Tadel, destruktive Strafe • Desinteresse, Ignoranz • Demütigung • Bedürfnisse vernachlässigen • Beschimpfung, Beleidigung • unfreundlich abgewandte, zurückweisende Haltung • Diskriminierung • Abwertung, Ablehnung • Vernachlässigung

Entwicklungsfördernde Aspekte	Entwicklungshemmende Aspekte
Kooperation	**Dirigismus**
• minimale Lenkung • Übergabe von Verantwortung • loslassendes Begleiten • Freiraum • Selbst- und Mitbestimmung • Teilhabe • Förderung von Autonomie • Förderung von Selbstständigkeit • unterstützend • Ermutigung • Akzeptanz von Fehlern • gemeinsame Planungen und Unternehmungen	• maximale Lenkung • Einschränkung von Verantwortung • Verbote • Einschränkung von Freiraum • Fremdbestimmung • Befehl, Vorgabe, Anordnung • Einschränkung von Autonomie • fordernd • Drohung • vom Erwachsenen geplante Unternehmungen
Verbindlichkeit	**Beliebigkeit**
• Konsequenz • Struktur • Grenzen setzen • Rituale und Regeln • Klarheit • Verlässlichkeit • Kontinuität • Struktur, Organisation • durchhalten	• Inkonsequenz • Chaos • Grenzenlosigkeit • kaum Verbindlichkeiten • Unklarheit • Unberechenbarkeit • Diskontinuität • Desorganisation, Chaos • überfordertes Nichtstun • Aufgeben
Allseitige Förderung	**Mangelnde Förderung/ einseitige (Über-)Förderung**
• Ermöglichung von Kulturaneignung • Bereitstellung einer anregungsreichen Umgebung • Sinnliche Erfahrungen zulassend • Unterstützung des Neugierverhalten • Lernen arrangierend • Bereitstellen von Welt- und Zukunftsorientierung und Lebenszusammenhängen • Beantwortung von Fragen • Bereitstellung von Wissen in den Bereichen Natur, Wissenschaft, Technik, Religion etc.	• anregungsarme Umgebung • übermäßiges Leistungsstreben • Reduktion von Welt • ehrgeiziger Drill • Lernen und Erfahrungen verhindernd • Neugierverhalten dämpfend • Verweigerung von Antworten

Tabelle 1: Fünf Säulen der Erziehung (© Tschöpe-Scheffler, 2003c)

Mit Hilfe der genannten Strukturelemente können Eltern und Erzieher/innen ihr Verhalten und ihre Einstellungen reflektieren. Auf dieser Reflexionsfolie ist es möglich, die eigene Erziehungshaltung und das Verhalten wahrzunehmen, um (am besten mit der Unterstützung und Begleitung anderer) entwicklungsförderndes Verhalten zu „maximieren“ und entwicklungshemmendes zu „reduzieren“.

Das Wechselwirkungsgeflecht von Erziehung

Forschungsdaten zeigen eine grundsätzliche Übereinstimmung darin, dass im Erziehungsgeschehen nicht eine einzige Einflussgröße als bestimmend für den Entwicklungsverlauf angesehen werden kann, sondern wechselseitige Beeinflussungen vielfältiger Art Auswirkungen auf das Elternverhalten und damit auch auf das Verhalten des Kindes sowie die Beziehung zwischen Eltern und Kinder haben (Belsky 1984).

Mögliche **Wirkungsfaktoren** sind z.B. die Qualität der Partnerbeziehung, geschlechtsspezifische Unterschiede im Vater- und/oder Mutterverhalten und in deren je unterschiedlichen Beziehungen zu Söhnen oder Töchtern, aber auch die Entwicklungsgeschichte der Eltern, ihre sozioökonomische und berufliche Situation oder das soziale Netzwerk der Familie können das Erziehungsgeschehen beeinflussen.

Außerdem spielt der Einfluss des **Eigenanteils des Kindes** an seiner Entwicklung eine herausragende Rolle. Welche Bedeutung hat **das Kind selbst als aktiver Mitgestalter** für seine eigene Entwicklung? Welche Bedeutung hat sein Wille, sich erziehen zu lassen und mit den Eltern zu kooperieren?

Kinder haben auf das Erziehungsverhalten ihrer Eltern erheblichen Einfluss. Möglicherweise benötigen Eltern gar die Unterstützung ihrer Kinder, um sie angemessen erziehen zu können. Der Zusammenhang und das Wechselspiel verschiedener Faktoren, die sowohl auf die Entwicklung der Kinder als auch auf das Erziehungsverhalten der Eltern Einfluss nehmen und die entweder den Erziehungsstil beeinflussen oder unabhängig davon wirksam werden, sind sehr vielfältig. Es gibt Kinder mit starken Selbstentfaltungspotentialen, die, wenn zur gleichen Zeit weitere Schutzfaktoren vorhanden sind, sogar unter ungünstigen und schädigenden Einflüssen lebensfrohe Persönlichkeiten werden können. So wurde in einer Langzeitstudie, in der auf der Hawaiinsel Kauai seit 1955 alle 698 Kinder, die in diesem Jahr geboren und von da ab in ihren Entwicklungsverläufen bis ins 40. Lebensjahr begleitet wurden, folgendes festgestellt (Werner 1999): Etwa 30% der beobachteten Kinder wurden in sozial benachteiligte Familienverhältnisse mit hohem Armutshintergrund und vielfältigen Problemen hineingeboren und waren geburtsbedingten Komplikationen ausgesetzt. Bei diesen Kindern bestand ein extrem hohes Entwicklungsrisiko. Zwei Drittel dieser Kinder zeigten tatsächlich in ihren weiteren Lebensverläufen große Lern- und Verhaltensprobleme, sie wurden straffällig, hatten psychosomatische Beschwerden oder psychische Probleme. Etwa ein Drittel der Kinder konnte sich jedoch, trotz der hohen Risiken und gegen die Voraussagen, zu leistungs- und liebesfähigen Erwachsenen entwickeln und Verantwortung für sich und andere übernehmen. Alle hatten als Erwachsene eine Berufsausbildung und eine Arbeit, keiner wurde straffällig und insgesamt stellten sie sich als optimistische, lebensfrohe Menschen dar. Dieser Teil der Versuchsgruppe hatte darüber hinaus die wenigsten gesundheitlichen Probleme und die niedrigste Scheidungsrate. Das Team von Psychologen, Kinderärzten und Mitarbeitern der Gesundheits- und Sozialdienste konnte mit dieser Studie einen wesentlichen Beitrag zu der Frage leisten, welche schützenden Faktoren vorhanden sein müssen, damit Menschen die Chance haben, sich trotz schlechter Ausgangsbedingungen und entwicklungshemmender Erziehungsfaktoren als starke Persönlichkeiten entwickeln zu können. Die Schutzfaktoren wurden von der Kauai- Forschungsgruppe in drei Kategorien unterteilt:

starke Selbstentfaltungspotentiale

a) **individuelle Faktoren:** das sind Schutzfaktoren, die Kinder als genetische Ausstattung mitbringen, sie sind bereits als Babys besonders widerstandsfähig und lösen durch ihre liebenswerte Art bei den Bezugspersonen positive Reaktionen aus. Die beobachteten Kinder zeigten sich bereits im Vorschulalter als selbstständig und unabhängig und konnten Hilfe und Unterstützung holen, wenn sie diese benötigten. Sie wurden von den Klassenkameraden aufgrund ihrer Kommunikationsfähigkeit und ihrer pragmatischen Fähigkeiten geschätzt und bekamen dadurch positive Rückmeldungen.

b) **Schutzfaktoren in der (erweiterten) Familie:** widerstandsfähige Kinder hatten trotz großer Probleme in ihren Herkunftsfamilien eine Person im weiteren Familienumfeld (Onkel, Tante, Oma oder Opa) zu der sie eine enge, stabile Beziehung eingehen konnten. Auch Bindungen zu Geschwistern konnten sich als Schutzfaktoren erweisen. Zudem schien eine religiöse Überzeugung ein weiterer Schutzfaktor zu sein, von dem die Kinder Sinnorientierung und Stabilität erhielten. Noch für die Erwachsenen spielte der Glaube in ihrem Leben eine wichtige Rolle.

c) **Schutzfaktoren in anderen Netzwerken:** Die Langzeitstudie konnte darüber hinaus zeigen, dass es sich für Kinder mit schlechten Entwicklungsvoraussetzungen positiv auswirkt, wenn sie über ein stabiles Netzwerk von Verwandten, Freunden und Nachbarn verfügten, bei denen sie sich Trost und Unterstützung holen können. Mit Hilfe dieses Netzwerkes konnten die Kinder eine hoffnungsvolle Lebensperspektive entwickeln und alternative Formen des Umgangs miteinander kennen lernen.

Schützende Entwicklungsfaktoren

Insgesamt konnte durch die Studie gezeigt werden, dass es einen Zusammenhang zwischen den lebensbejahenden Eigenschaften des Individuums und schützenden Faktoren gab. Darüber hinaus wurde deutlich, dass selbst Kinder, die in eine risikoreiche, entwicklungshemmende Umwelt hineingeboren werden, diesen ungünstigen Umständen nicht per se ausgeliefert sind.

Eine besondere Bedeutung haben dabei soziale Netzwerke sowohl für die Entwicklung der Kinder aber auch für die Begleitung der Erziehungsfähigkeit von Eltern. Über die Netzwerke werden Informationen vermitteln, können die Handlungsmöglichkeiten erweitert werden und wird die Gelegenheit geschaffen, über sich und sein Verhalten mit anderen reflektieren zu können. Austausch, praktische und emotionale Unterstützungen stellen dabei wesentliche Entlastungsmöglichkeiten dar.

Verfügen Eltern z.B. über ein grundständiges **Wissen** darüber, wie Kinder sich entwickeln, welche Bedürfnisse sie haben und wie diese in Familie und Umwelt befriedigt werden können, dann sind sie eher in der Lage, sich, andere Menschen und Zusammenhänge zu verstehen. Wer Wirkfaktoren und Ursachen kennt und diese im Erziehungsgeschehen wahrnimmt, kann sein Erziehungshandeln daran orientieren. Auch flexible, erweiterte **Handlungsoptionen** im Umgang mit Kindern gehören zu den positiven Wirkfaktoren in der Erziehung. Das schließt die Frage ein, wie Eltern als Erwachsene mit sich und dem eigenen Leben umgehen und Sinnorientierung finden können.

Informationen, die kritische Auseinandersetzung mit dem bisherigem Verhalten, Entwicklung und Erprobung von Handlungsalternativen sind zwar unerlässlich, reichen aber nicht aus, wenn der **Transfer in den Alltag** gelingen soll. Von der Motivation und der Einsicht in die Veränderung über die Einübung neuer Verhaltensweisen bis zur Realisierung im Alltag ist es ein langer und mühsamer Weg, auf dem Begleitung erwünscht und oftmals auch benötigt wird. Der Transfer gelingt umso besser, je stärker er zum Gegenstand eines gemeinsamen dialogischen Austauschs mit dem Partner, der Partnerin oder mit Menschen aus einem vertrauten sozialen Netzwerk werden kann und sich nicht an einer statischen, fixierten Handlungsvorgabe orientiert.

Allein durch Rezeptwissen und Erziehungstechnologien oder durch ein Überstülpen von Wissen oder Strategien lernen Eltern wenig darüber, wie sie eine „gute“ Mutter oder ein „guter“ Vater sein können, es bedarf viel Zeit, Geduld und unterschiedlicher Erfahrungsräume zur Selbstortung und **Selbsterfahrung** im Zusammenhang mit Sinn- und Erziehungsfragen.

Selbsterziehung der Eltern

Individuelle Ausprägungen des Erziehungsverhaltens übertragen sich im Wesentlichen von einer Generation auf die nächste. Wenn Kinder eine einschränkende Erziehung erfahren haben, verhalten sie sich als Eltern selbst zwar liberaler und emotionaler, erziehen ihre Kinder jedoch im Vergleich zu anderen Eltern immer noch deutlich einengender[2]. Durch Anregung und Anleitung können die (oftmals auch leidvollen) Erfahrungen von Erziehung durch die eigenen Eltern auf eine neue Stufe der Reflexion und Selbsterfahrung gestellt werden. Eltern, die sich mit den eigenen biographischen Mustern auseinander-

2 Dies geht aus einer Studie im Rahmen des Erlanger Forschungsprojektes zur Entwicklung und Prävention von Problemen des Sozialverhaltens von Kindern (Projektleitung Lösel) hervor, in: http://www.bmfsfj.de/Redaktion BMFSFJ/Abteilung2/Pdf-Anlagen/soziale-kompetenz-f_C3_BCr-kinder-und-familien,property=pdf.pdf

setzen, erlangen mehr Verständnis für sich, systemische Zusammenhänge und ihre Kinder. Sie erkennen, dass Muster, die sie in der Kindheit gelernt haben ebenso Auswirkungen auf die Beziehung zu ihren Kindern haben können, wie Probleme, die sie als Erwachsene haben.

Elternbildung greift zu kurz, wenn nur die erzieherische Qualifizierung der Eltern angesprochen wird und nicht zugleich auch ihre eigene Persönlichkeits- und Weiterentwicklung. **Erziehung und Selbsterziehung** gehören nicht erst seit den Erkenntnissen der psychoanalytischen Forschung zusammen. Schon die Klassiker der Erziehung machten auf den wichtigen Zusammenhang aufmerksam, am radikalsten wohl der polnische Arzt und Pädagoge Janusz Korczak. Hinter diesen Anspruch können und dürfen Eltern nicht mehr zurücktreten, da die eigene Persönlichkeit und die Erziehungshaltung eng miteinander zusammenhängen.

Zu dem, was zur Entlastung der elterlichen Erziehungsaufgabe beiträgt, gehören neben dem bisher gesagten, gut funktionierende **Netzwerke.** Je weniger auf familiäre Hilfe im großfamiliären Netz zurückgegriffen werden kann, desto wichtiger werden „Wahlverwandtschaften" und verbindliche Beziehungen, die diese Lücke ausfüllen können. Das können Freundschaften aber auch Elternselbsthilfegruppen sein, die sich wechselseitig aktiv unterstützen, z.B. indem Väter und Mütter wechselseitige Fahrdienste übernehmen, in Krisenfällen einspringen, die Freizeit gemeinsam verbringen. Das kann aber auch eine aktive, partnerschaftliche Mitbeteiligung der Eltern in Kindertageseinrichtungen oder Schulen sein. Arbeitsfeldbezogene und projektorientierte Formen der Zusammenarbeit stellen kreative, ressourcenorientierte Lernorganisationen dar, in denen z.B. Eltern mit anderen Eltern und ihren Kindern in einer Einrichtung oder im Stadtteil miteinander oder voneinander durch gemeinsame Aktionen lernen können.

Soziale Netzwerke bringen Entlastung

So ergab eine Analyse des Instituts für Kindheit, Jugend und Familie der Fachhochschule Köln[3] (Mörs-Hoffmann 2005) interessante

---

3 Die Analyse wurde unter der Leitung von Sigrid Tschöpe-Scheffler im Institut für Kindheit, Jugend und Familie in dem Forschungsprojekt „Evaluation des Elternkurses FuN – Familie und Nachbarschaft" durchgeführt.

Hinweise zu der Frage, ob und wie sich durch die Beteiligung an dem Eltern-Kind-Programm FuN (Familie und Nachbarschaft) Kontakte der Eltern verbessern. Im Hinblick auf die soziale Netzwerksituation der befragten Personen konnte festgestellt werden, dass über ein Viertel der FuN-Kursteilnehmer/innen vor Beginn des Programms eher sozial isoliert war. Hierzu wurden Personen gezählt, die nach *eigenen Angaben* in den meisten der im Rahmen der Studie untersuchten Bereiche (Familienbindung, Freundschaften, Nachbarschaft,) über kein bzw. ein unzureichendes stabiles soziales Netzwerk verfügten.

Bei einem Vorher-Nachher-Vergleich der befragten FuN – Kursteilnehmer/innen zeigten sich bereits nach acht Wochen nachweisbare Tendenzen einer positiven Veränderung.

Überraschend war das Ergebnis, dass sich die Bereitschaft und die Fähigkeit über persönliche und emotionale Probleme mit anderen Erwachsenen zu sprechen, vor allen Dingen bei den zuvor als sozial isoliert eingeschätzten Personen, erheblich verbesserte. Diesbezüglich wuchs das Vertrauen, sich an Freunde und Freundinnen, Familienmitglieder oder an andere Eltern aus der durchführenden Einrichtung zu wenden, nachweisbar an. Eine weitere Tendenz weist darauf hin, dass sich die befragten Eltern durch die Teilnahme am FuN – Programm zunehmend mit Erziehungsfragen oder Erziehungsschwierigkeiten an ihre (Ehe-)Partner/innen, an andere Eltern sowie die Erzieher/innen ihrer Kinder wandten. In diesem Zusammenhang soll besonders betont werden, dass der vertrauensvolle Austausch zwischen den Eltern und den Erzieher/innen durch die Programmstruktur entscheidend gefördert wird. Gerade das Familienprogramm Familie und Nachbarschaft leistet damit einen sehr wichtigen Beitrag zum Aufbau von Erziehungspartnerschaften in Kindertageseinrichtungen. Mütter sagten selbst nach dem Besuch des Familienprogramms: „Ich fühle mich nicht mehr so alleine." „Wir gehen jetzt beim Sommerfest des Kindergartens aufeinander zu." Die Kursleiterinnen konnten die Tendenz der Untersuchung bestätigen: „In unserem Projekt waren fünf ausländische Familien. Fast alle Familien unseres Kurses fühlten sich anfangs sozial isoliert, sogar eine „moderne" türkische Familie, deren Mutter in Deutschland gebürtig ist, die alle perfekt deutsch sprechen und westlich gekleidet sind, hatte wenig Kontakte. Gegen Ende des Kurses tauschten alle Familien ihre Adressen für gemeinsame Unternehmungen aus." Oder: „Beim letzten Treffen wurde darauf bestanden, ein Gruppenfoto zu machen und es wurden Termine für Nachtreffen ausgemacht." Oder: „Zwischen den Teamer/innen und den Familien bestand eine familiäre Atmosphäre, die sich anschließend in der Kita fortsetze." Da auch andere Elternkursprogramme zunehmend darauf Wert legen, den Austausch unter den Eltern zu fördern und in einigen der Angebote die Eltern nach dem Kurs bei der Selbstorganisation von Elternstammtischen Unterstützung und Beratung finden, kann davon ausgegangen werden, dass Familien – und Elternprogramme für Mütter und Väter auch dadurch eine besondere Bedeutung erhalten, wenn sie dazu beitragen können, Eltern zu ermutigen, mit andern Eltern in Austausch zu treten. Das Bundesministerium für Familie, Senioren, Frauen und Jugend hat u.a. auch aus diesem Grund das Modellprojekt „**Bündnis für Familie**" (www.lokale-buendnisse-fuer-familie.de) ins Leben gerufen, an dem sich inzwischen in allen Teilen Deutschlands, in großen Städten ebenso wie in kleinen Gemeinden über 170 lokale Bündnisse beteiligen – Tendenz steigend. Stadträte und Verwaltungen, Unternehmen, Gewerkschaften, freie Träger, Kirchen, Vereine und Verbände schließen sich zusammen, um ihre Stadt oder Gemeinde gemeinsam familienfreundlicher zu gestalten. Zu den vielfältigen Angeboten gehören z.B. der Aufbau von generationsübergreifenden Kommunikationsnetzen, die Umstrukturierung von Kindertagesstätten zu Orten für Familien, die Beteiligung des Gemeinwesens durch Nachbarschaftsprojekte oder auch kleinere Initiativen, wie z.B. „Vorlese-Omas und Opas", Übernahme von Familienpatenschaften oder kulturpädagogische Aktionen. Insgesamt sollen die Belange von Familien dadurch stärker berücksichtigt und den Familien vielfältige Möglichkeiten der Beteiligung, auch in politischen Entscheidungsgremien, ermöglicht werden. „Zur Erziehung eines Kindes bedarf es eines ganzen Dorfes", so lautet ein afrikanisches Sprichwort. Nur dann, wenn Familienarbeit nicht mehr ausschließlich Privatsache bleibt, sondern ganz selbstverständlich Teil der öffentlichen Verantwortung wird, können Eltern sich ihren Kindern wieder **gelassener und entlasteter** widmen, und zwar mit dem Bewusstsein, mit den Aufgaben der Erziehung nicht allein gelassen zu werden. Die ersten Anfänge diesbezüglich sind gemacht.

Im nächsten Kapitel soll davon die Rede sein, wie Eltern „Erziehung leben" können.

6. Erziehung leben – vom Mythos der „richtigen“ Erziehung

Sigrid Tschöpe-Scheffler

Kinder brauchen Erziehung als Begleitung für ihre Entwicklungsprozesse und sie haben ein Recht darauf, dass ihre Eltern ihnen Orientierung geben. Diese Orientierung bedeutet aber weder eine Unterwerfung des Kindes unter die elterlichen Anordnungen noch ist sie ein Machtkampf mit Gewinnern und Verlierern.

Aufgabe der Eltern ist es vielmehr, das Kind als gleich würdiges Gegenüber zu verstehen (Säule der Achtung) und ihm gleichzeitig eine Struktur zu geben, die es davor bewahrt, sich oder andere zu schädigen. Wenn beide Seiten sich wohl fühlen sollen, muss diese Grenzsetzung in Kooperationen mit Kindern und Jugendlichen geschehen. Dies ist ein offener Prozess, denn Mitbeteiligung bedeutet auch, sich flexibel auf sein Gegenüber einstellen zu wollen und zu können.

Zum Wesen der Erziehung gehört, dass sie Risiken beinhaltet, scheitern kann und es keine absoluten Sicherheiten gibt. Darum kann auch keine noch so gute und kontrollierte „Erziehungstechnologie“ den Eltern die Verantwortung für ihre Entscheidungen abnehmen. Eltern, die sich dieser Verantwortung stellen, indem sie „eigene“ Antworten geben, werden auch Gefühle von Schuld und Angst nicht ausblenden können, da auch sie zum Wesen der Erziehung gehören. Allerdings verhindert der permanente Blick auf mögliche Risiken, auf Fehler oder das schlechte Gewissen den Zugang zu der eigenen Erziehungskraft.

Verantwortung: eigene Antworten geben

Voraussetzungen für ein verantwortliches Leben mit Kindern sind die Wahrnehmung und Orientierung an den eigenen und kindlichen Fähigkeiten und Stärken, die elterliche Präsenz und die Wahrung der Erziehungsautorität sowie eine dialogische Beziehungsgestaltung.

„Was tun Sie", wurde Herr K. gefragt, „wenn Sie einen Menschen lieben?"
„Ich mache einen **Entwurf** von ihm", sagte Herr K., „und sorge, dass er im ähnlich wird." „Wer? Der Entwurf?"
„Nein", sagte Herr K., „Der Mensch." (Brecht 1967, S. 33)

Entwürfe als Raster, die nicht nur die Liebe strukturieren, haben wir natürlich auch, wenn wir das tun, was wir Erziehung nennen.

Unsere Entwürfe betreffen unser Bild vom Menschen, vom Kind, unsere Erziehungsziele, Inhalte und Methoden, aber ebenso haben wir Vorstellungen von uns selbst und unserem Selbstverständnis als Eltern, Erzieherinnen, Pädagoginnen. Ein Entwurf der heutigen Zeit ist das Bild vom perfekten Kind und seiner perfekten Erziehung.

Aus der Geschichte der Pädagogik sind uns ganz unterschiedliche, zum Teil sehr gegensätzliche Menschenbilder, Erziehungsmethoden, Ziele und Inhalte, Entwürfe bekannt.

Ob der Mensch als tabula rasa, eine leere Tafel (John Locke) verstanden wird, in die Erzieher und Eltern das Gute, Wahre und Schöne einritzen müssen oder ob wir überzeugt sind, dass Erziehung nicht viel bewirken kann, weil die genetischen oder göttlichen (guten oder schlechten) Anlagen sich letztendlich doch durchsetzen (Rousseau, Schopenhauer), oder ob wir das Kind als „Akteur seiner Entwicklung" (Piaget) oder als „Baumeister des Menschen" (Montessori) verstehen – immer gab und gibt es für diese sehr unterschiedlichen und noch weiteren pädagogischen Annahmen Vertreterinnen und Vertreter. Janusz Korczak, der polnische Arzt und Pädagoge warnte schon zu Beginn des 20. Jahrhunderts nicht nur vor dem Zugriff des Menschen durch (angeblich) kontrollierbare Erziehungstechnologie, sondern ebenso vor dem Zugriff des Menschen durch „unverständige Liebe", die den anderen vereinnahmt und ihn nicht zu seinen eigenen Lebensmöglichkeiten kommen lässt.

Janusz Korczak ironisiert kritisch, indem er das von ihm beobachtete Erzieherverhalten seiner Zeit beschreibt, das heute gleichermaßen gilt:

„Wir müssen lehren, leiten, einweisen, unterdrücken, zügeln, aufrichten, warnen, vorbeugen, aufzwingen und bekämpfen. Die Mucken, die Launen und den Trotz bekämpfen. Ein Programm der Vorsicht, der Umsicht, der Furcht und Besorgnis aufzwingen, der bösen Ahnungen und finsteren Vermutungen. Wir, die Erfahrenen, wissen, wie viele Gefahren ringsum lauern, wie viele Hinterhalte, Fallen, verhängnisvolle Abenteuer und Katastrophen. Wir wissen, dass auch höchste Vorsicht keine absolute Garantie gibt; aber umso argwöhnischer muss man sein: um ein reines Gewissen zu haben, um im Falle eines Unglücks sich zumindest nichts vorwerfen zu müssen…. Wir wollen sein Bestes, wir wollen es ihm leicht machen; wir stellen ihm unsere Erfahrung restlos zur Verfügung: Es muss nur zugreifen – alles ist bereit. Wir wissen, was den Kindern schadet, wir erinnern uns, was uns geschadet hat – dem soll es ausweichen, das soll ihm erspart bleiben, möge es das doch nicht erfahren." (Korczak 1999, S. 390/391)

Durch den Glauben aber an die unbegrenzte Möglichkeit der Erziehung erblindet zunehmend das innere Auge für alles Nichtmechanische, Unvorhersagbare, Unkontrollierbare, Geheimnisvolle im menschlichen Sein, auf das Janusz Korczak in seinen Werken immer wieder den Blick lenkt.

Durch eine vorwiegend zielgerichtete Erziehung und durch die Pädagogisierung des kindlichen Lebensraumes werden Kindern ihre individuellen Erfahrungsmöglichkeiten und individuelles Sein genommen. Ihre reiche Gefühlswelt wird reduziert auf „erwünschte Gefühle". Die aktive Suche von Kindern nach Beteiligung, Zugehörigkeit und Sinnorientierung wird auf „erwünschtes Verhalten" zurechtgestutzt.

Das Sokratische „Ich weiß, dass ich nichts weiß" bewahrte den Pädagogen Korczak vor autoritären Eingriffen und idealtypischen Erziehungsvorstellungen. Er rechnete mit dem Unplanbaren und Nichtmethodisierbaren im menschlichen Sein und wandte sich gegen ein mechanistisches Welt- und Menschenbild, in dem Erziehungsstrategien und die „richtigen" Erziehungsrezepte höher bewertet werden als der Prozess einer gemeinsamen Entwicklung von Kindern und Erwachsenen, der sich aus einer liebevollen dialogischen Beziehung und dem gemeinsam gelebten und gestalteten Alltag ergibt. Hierzu bedarf es allerdings einiger Bedingungen, die im Folgenden mit der Grundhaltung einer Dialogischen Pädagogik beschrieben werden, wie sie u.a. von Korczak selbst gelebt und von weiteren Pädagogen, Philosophen und Pädagoginnen, wie Martin Buber, Maria Montessori, Paolo Freire, u.a. entwickelt wurde.

Offene Haltung als Lernende

Sich mit einer **offenen Haltung als Fragende/r, Suchende/r und Beobachtende/r** dem Kind zu nähern, um es verstehen zu wollen, bedeutet, dass Eltern sich nicht nur in der **Wahrnehmung üben**, sondern gleichzeitig auch die (Vor-)Urteile und Bilder über sich selbst und das Kind zurücknehmen lernen müssen. Die erste von zehn Kernfähigkeiten einer dialogischen Beziehung (Hartkemeyer/Dhority 2001) geht davon aus, dass alte Denk- und Verhaltensmuster nur dann in Frage gestellt werden, wenn Erwachsene die **Haltung eines Lernenden** einnehmen und ihre Bewertungen und Einordnungen zurücknehmen. Die Haltung der Eltern wäre dann nicht bestimmt von einem „Ich weiß besser (als du selbst), was für dich richtig ist", sondern sie ist begründet in einer grundsätzlichen Haltung des Fragens, Beobachtens, Wahrnehmens, einer ***Haltung des Lernenden***. „Zeig mir deine Welt, ich möchte verstehen, wie du sie verstehst!"

Unsere Gesellschaft legt uns nahe, in vielen Lebenssituationen als die perfekt Informierten, als Experten und Wissende aufzutreten.

Der führende Denker der italienischen Postmoderne Gianni Vattimo, 1936 geboren, hat mit seinem provokanten Werk „**Das schwache Denken**" (Vattimo 1987/88) das sogenannte Expertenwissen als „Starkes Denken" kritisiert.

Vattimo meint, dass wir Abschied nehmen müssen von einem Herrschaftswissen, das sich die Welt untertan macht, und das im Namen der Wahrheit Kriege führt und Andersdenkende unterdrückt. Er wendet sich gegen jede Art von Fundamentalismus, damit bezeichnet er ein Denken und Handeln, das sich an **einer einzigen richtigen Einsicht und Wahrheit** festmacht und glaubt, andere davon überzeugen zu müssen. Ein solches Denken ist stets bemüht, die angeblich „wahren" Strukturen der Wirklichkeit zu enthüllen, an dem sich das eigene und fremde Handeln dann folgerichtig zu orientieren habe. Das Gegenüber wird zum Objekt degradiert.

Demgegenüber befürwortet er dialogische Strukturen, die nicht auf eine einzige Wahrheit zurückzuführen sind. Das „schwache Denken" lässt viele Arten der Welt- und Lebensinterpretation zu, ohne sie als abgeschlossen zu betrachten. Im Aushandeln von Wirklichkeiten wird die Relativität des eigenen Standpunktes ebenso wie die aller anderen deutlich. In der Anerkennung verschiedener Wirklichkeiten wird gerade die Schwäche der eigenen Wahrheit vorausgesetzt. Der Begriff der „Schwäche“ steht hier im Sinne einer Zurückhaltung gegenüber einzig wahren Sinnentwürfen.

Der Zugang zur Welt und zum anderen eröffnet sich dadurch in einer Vielfalt von Fragen und Interpretationen, bei denen Wahrheit nicht schon von vornherein feststeht, sondern sich in einem dialogischen Prozess mit den anderen ergibt. Vattimos Philosophie des „schwachen Denkens“ sieht den Menschen als einen, der erfahren und erlitten hat, dass er sich nicht länger als Beherrscher der Welt mit Allmachtsphantasien verstehen kann und deshalb fähig wird, eine „schwingende Existenz“, ein ständiges Ringen um Balance zu leben. Der Unverfügbarkeit des Menschen entspricht es, ihn nicht in eine bestimmte Richtung lenken zu wollen.

Das Leben unter den Bedingungen einer aushandelbaren Wirklichkeit wird für Vattimo zur Vision eines weniger aggressiven Umgangs miteinander, böte es doch, mit seiner Vorliebe für das Uneindeutige und Plurale, die Chance zu einem Blick auf die Welt, die in erster Linie aus Fragen und nicht so sehr aus festgelegten Antworten bestünde.

„Schwaches“ versus „starkes“ Denken

Vattimo richtet seine Philosophie des „schwachen Denkens“ gegen das Bedürfnis nach absoluter Sicherheit und nach einer starken Wahrheit, die objektivierbaren Kriterien entspricht.

Damit verweist er auf das Diffuse, Chaotische, Lebendige des Lebens, bei dem Menschen mit all ihren Differenzen, mit all ihren Optionen, Interessen, Leidenschaften, Sehnsüchten und Wünschen vorkommen.

Statt eines Anspruchs auf Überschaubarkeit und Objektivierbarkeit tritt bei ihm das Partikulare und Kleine selbst in den Blick. Jegliche Pädagogisierung in Form von Belehrung, Darstellung und Annahme eines einzig Richtigen entspräche demnach einem „Starken Denken“ und stellte eine Missachtung des Kindes dar, das zu einem Objekt der „richtigen“ Erziehungsmaßnahme wird. .

Mit einer Grundhaltung von Eltern als „die Wissenden und Experten“ bliebe dem Kind als Subjekt wenig Spielraum. Erziehung unter dem Gesichtspunkt des „schwachen Denkens“ wäre ein täglicher Versuch, verbunden mit Irrtümern, Fehlern, aber auch Erfolgsmomenten, aus denen sich wieder neue Versuche ergeben, vorausgesetzt, Wahr-

Erziehung als Experiment

nehmung, Fragen und Verstehen haben dort eben so viel Raum wie Zeit, Geduld und Humor. Experimentieren müssen Eltern schon darum, weil das, was gestern gut geglückt ist, heute nicht mehr angebracht sein kann, da Eltern, Kinder oder die Situationen sich verändert haben.

„In der Erziehung ist alles Experiment. Ich versuche es mit Milde und Strenge, ich versuche zu untertreiben und zu übertreiben. Wir haben nicht die Absicht, unser Versuchsprogramm für ein exotisches Dogma aufzugeben. Der Versuch sollte vorsichtig und besonnen durchgeführt werden und niemanden in Gefahr bringen – ein solcher Versuch ist unser ganzes Erziehungssystem ...“ (Korczak 1991, S. 229).

So werden z.B. auch in den Elternkursen des Deutschen Kinderschutzbundes „Starke Eltern – Starke Kinder®“ den Eltern Anregungen dafür gegeben, wie sie in diesem „Experiment“ Erziehung neue überraschende Erfahrungen mit sich und mit ihren Kindern machen können.

In der ersten Kursstunde z.B. wird den Eltern eine wichtige Übung als Hausaufgabe mitgegeben. Sie lautet: „Beobachte die positiven Seiten deines Kindes.“ Eine Woche lang schreiben Eltern auf, was sie an ihrem Kind wahrnehmen. Meist kommen sie nach einer Woche erstaunt in den Kurs zurück, berichten, dass sich in der Familie das Klima geändert habe, vieles entspannter lief, obgleich sie selbst doch gar nichts anders gemacht hätten als zuvor. Die Wahrnehmung auf die positiven Seiten des Kindes, der liebevolle Blick, ermöglicht nicht nur den Eltern, neue Seiten ihres Kindes wahrzunehmen, sondern scheint auch atmosphärisch zu wirken. Menschen spüren, wenn sie wohlwollend wahrgenommen werden und bekommen Raum, sich neu und anders zu verhalten.

In dem Elternkurs „*Kess*-erziehen“ lernen Eltern die „Edelsteinmomente“ des Tages wahrzunehmen. Wann gab es z.B. einen innigen Austausch oder eine beglückende Erfahrung zwischen dem Erwachsenen und dem Kind? Der Blick wird auf das Kleine, wenig Spektakuläre gelenkt. Dadurch kann das Übersehene ins Bewusstsein geraten. Eltern können die Erfahrung machen, dass es neben Alltagsproblemen auch immer wieder Momente des Glücks gibt. Gelungene Lebensmomente geben eine Bestätigung dafür, weitere Situationen aufzusuchen, die glücken können und diese selbst zu gestalten.

So ist die **Wahrnehmung** mit den Augen und Ohren als bewusstes Sehen und aktives Hören, aber auch die mit dem Herzen im Sinne einer Herzenserkenntnis, eine wesentliche Voraussetzung für jede Beziehungsgestaltung. Über diese Art der Beobachtung schreibt Korczak (1999, S. 22): „Und die Sprache der Tränen und des Lächelns, die Sprache der Augen und des Mündchenverziehens, die Sprache der Bewegungen und des Saugens? … Verzichte nicht auf diese Nächte. Sie können dir geben, was kein Buch, kein guter Rat zu geben vermögen. Hier liegt nämlich das Wesentliche nicht nur im Wissen, sondern in einem tiefen seelischen Umschwung, der dich nicht zu nutzlosen Überlegungen zurückkehren lässt: was sein könnte, was sein sollte, was gut wäre, wenn doch … sondern, dich lehrt, unter den gegebenen Bedingungen zu handeln. Während dieser Nächte wird vielleicht ein wunderbarer Verbündeter geboren, ein Schutzengel des Kindes – die Intuition des mütterlichen Herzens, jene Hellsichtigkeit, die beruht auf: forschendem Willen, aufmerksamer Überlegung und einem ungetrübten Gefühl."

Wahrnehmung: Voraussetzung für Beziehung

Erst aus der Beobachtung kann sich das ergeben, was in den humanistisch orientierten Elternkursen, wie z.B. Step, Starke Eltern – Starke Kinder®, „Eltern Stärken", aber auch Kess, FuN und Encouraging als **Perspektivwechsel** eingeübt wird. Das Sich-Einfühlen-Können und der Perspektivwechsel werden bei Korczak mit einer kleinen Geschichte sehr anschaulich beschrieben: In einer Familie, in der drei Kinder, deren Eltern und der kranke Großvater leben, gibt es einige Sorgen, von denen im Laufe eines Tages jeder auf eine andere Weise betroffen ist. So ist der Großvater traurig, weil er die heruntergefallene Brille nicht alleine aufheben kann, Rewka, die Tochter, weint, weil eine Freundschaft in die Brüche ging, Ari, der Junge ist beleidigt worden und darüber traurig, der Mutter kommen die Tränen, weil sie von den Kolleginnen gedemütigt wurde, der Vater hat vor Scham Tränen in den Augen, weil er nicht mit einem eigenen Auto zur Arbeit fahren kann und der jüngste Sohn, Skruli weint aus Angst vor dem Teufel. Korczak beendet diese Erzählung mit der Sentenz: „Alle Tränen sind salzig. Wer das begreift, kann Kinder erziehen, wer das nicht begreift, kann sie nicht erziehen." (Korczak 1979, S. 118f)

Vater und Mutter, die Zugang zu ihren Gefühlen haben, wissen ebenso wie Kinder, dass Tränen tiefe Gefühle zeigen und diese ernst zu nehmen sind, unabhängig davon, worüber der einzelne trauert. Ein einfühlendes Verstehen, verbunden mit dem Perspektivwechsel und dem radikalen Respekt vor den Gefühlen des anderen stellt die Basis von Beziehung dar. Derjenige, der in seinem eigenen Leben seine so genannten „negativen" Emotionen, wie Trauer, Wut, Eifersucht, Neid als zugehörig zum menschlichen Sein akzeptieren gelernt hat, kann sie eher im Leben anderer akzeptieren. In Zusammenhang mit der Forderung der Selbsterziehung der Erzieher/innen betont Korczak, diese Gefühle nicht zu verniedlichen oder sie zu verdrängen, sondern den angemessenen Umgang mit ihnen zu erlernen. Fehler einzugestehen und sich zu entschuldigen ergäbe sich dann aus einer solchen Grundhaltung von selbst. Die Absage an jeglichen Perfektionsanspruch bedeutet, Fehler als Bestandteile unseres fragmentarischen Lebens und als Ausgangspunkte für Lernen und Entwicklung zu verstehen. Der Mut zum Nicht-Perfekten kann eine Mutter nachsichtiger im Umgang mit den Schwächen des Kindes machen. Die Akzeptanz der eigenen Ungeduld (kombiniert mit der aufrichtig gemeinten Bitte um Verzeihung) kann einen Vater in den Augen des Kindes näher rücken lassen und liebenswerter machen. So können Eltern ihren Kindern nie alles und das perfekt geben, sondern sie können sich als Personen wagen und einbringen und das echt und wahrhaft.

Sich als Person wagen

Entlastend kann es sein, damit zu rechnen, dass der **Selbstentfaltungswille des Kindes** vieles von dem ergänzen oder ausgleichen kann, was den Eltern selbst nicht gelungen ist.

Korczak wurde nicht müde, darauf hinzuweisen, dass Erziehung vor allen Dingen **Selbsterziehung und Selbstreflexion** bedeutet und es nicht darauf ankommt, keine Fehler zu machen, sondern sie zu erkennen und sich dafür zu entschuldigen bzw. sie zu korrigieren – jeden Tag wieder neu. Janusz Korczak: „Sei du selbst – suche deinen eigenen Weg. Lerne dich selbst kennen, ehe du Kinder zu erkennen trachtest. Mache dir klar, wo deine Fähigkeiten liegen, ehe du anfängst, den Kindern den Bereich ihrer Rechte und Pflichten abzustekken. Unter ihnen allen bist du selbst dein Kind, das du vor allem kennen lernen, erziehen und formen musst. Es ist einer der schlimmsten

Fehler zu meinen, die Pädagogik sei die Wissenschaft vom Kind und nicht – vom Menschen“ (Korczak 1999, S.147).

Zusammenfassend lassen sich für eine dialogische Erziehung folgende Punkte ableiten:

- Beobachtung und einfühlende Wahrnehmung,
- Rücknahme von Bewertungen und Zuordnungen zugunsten einer grundsätzlich offenen Haltung als Fragende/r, Lernende/r,
- Perspektivwechsel und radikale Achtung der Gefühle des anderen,
- die dialogische Erziehung ist kein *Produkt*, sondern ein Prozess, ein Experiment zwischen Kindern und Erwachsenen (jeden Tag neu),
- die dialogische Beziehung basiert nicht auf einem pädagogischen Dogma, entwickelt sich nicht durch Prinzipien und ist dynamisch.
- Selbstreflexion und Selbsterziehung des Erziehers /der Erzieherin sind Bestandteile der Erziehung, denn Persönlichkeit und Pädagogik sind nicht zu trennen.

Daraus ergeben sich:

- Handlungs- und Entscheidungsmöglichkeiten, die **gemeinsam** entwickelt werden,
- eine Atmosphäre des Sein-lassens (anstelle eines Aktivismus), in der Neues und Überraschendes geschehen und sich entfalten kann,
- ein Leben im Sinne einer „schwingenden Existienz“ (Vattimo), in dem die Balance zwischen Teilhabe und Teilgabe, Ich und Du Raum hat.
- Grundüberzeugungen, dass nicht alles im Leben planbar, steuerbar und kontollierbar ist.

Zumutungen: erwünscht und entwicklungsfördernd

Mütter und Väter, die sich als Personen ernst nehmen und bejahen, brauchen ihre eigenen Bedürfnisse und Wünsche in der Familie nicht denen der Kinder unterzuordnen. Sie haben den Mut, klar auszudrücken was ihnen wichtig ist und bestehen darauf, dass ihre Rechte ebenso wenig verletzt werden dürfen wie die der Kinder. Solche (persönlichkeitsstarken) Eltern werden für ihre Kinder ebenso eine Zumutung sein wie die Kinder für die Eltern. Diese Zumutungen sind erwünscht und entwicklungsfördernd, weil sie gute Voraussetzungen dafür bieten, Grenzen zu erfahren, die durch die direkte Konfrontation mit dem anderen entstehen. Für Kinder stellen sie Orientierungen dar: „Bis hierher und nicht weiter. Hier bin ich mit meinen Werten und Wünschen, und ich will nicht, dass sie verletzt werden! Ich setze mich für mich und das, was mir wertvoll ist, ein.“ Das Eintreten für die eigenen Werte ist kein Kampf gegen das Kind und auch keine Erziehungsstrategie, sondern ein Sichtbarmachen der eigenen Persönlichkeit mit ihren je individuellen Grenzen. Treffen unterschiedliche Bedürfnisse aufeinander, werden sich Konflikte nicht vermeiden lassen. Sie gehören zum Familienalltag, in dem Kinder und Erwachsene im gleichwürdigen Umgang lernen können, sich abzugrenzen, miteinander zu streiten und sich zu versöhnen, zu argumentieren, zu kooperieren und nach Lösungen zu suchen. Eltern, die als lebendige und verletzbare Personen für ihr Kind sichtbar werden, geben ihm durch ihre **persönliche Präsenz** Orientierung und sind ihm darin Vorbild.

Über die persönliche Präsenz geht die **elterliche Präsenz**, die eine **Bejahung der Erziehungsautorität** beinhaltet, noch hinaus. Sie bedeutet die bewusste Verantwortungsübernahme als Mutter oder Vater.

Elterliche Erziehungspräsenz zeigen

Die Psychologen Haim Omer und Arist von Schlippe, die den Begriff der „elterlichen Präsenz“ eingeführt haben, beschreiben drei Facetten: „die Erlebensseite, die Verhaltensseite und die systemische Seite, die Einbettung in soziale Zusammenhänge“ (Omer/von Schlippe 2004, S. 33-35). Hierbei stellt die Erlebensseite den Selbstwert in der Elternrolle dar und die Grundüberzeugung, über persönliche Stärken zu verfügen und wirksam handeln zu können. Die Verhaltensseite entspricht der praktischen Umsetzung, die sich aus dem Kompetenzgefühl ergibt. Wenn Eltern auf Regeln achten, ihr Kind fördern, ihm klare Strukturen vermitteln, für sein Wohl sorgen und Anteilnahme an seinem Leben zeigen, setzen sie in ihrem Verhalten das Bewusstsein um: „Ich bin deine Mutter, ich bin dein Vater und ich bin hier!“ „Ich werde dir nicht nachgeben, aber ich werde dich auch nicht aufgeben!“

Der dritte Aspekt der elterlichen Präsenz, die systemische Seite, besteht in dem Aufbau und der Pflege eines sozialen Netzwerks von Freunden, der Familie, anderen Erzieher/innen und der Gewissheit, sich dort Unterstützung und Entlastung holen zu können. Im Elternkurs FuN (Familie und Nachbarschaft) wird auf die Unterstützung der sozialen Kontakte untereinander besonderer Wert gelegt; das Bedürfnis nach Kontakt zu anderen Familien ist sehr hoch.

Sind die persönliche und elterliche Präsenz nur schwach ausgebildet, dann droht die angemessene Stellung der Eltern verloren zu gehen. Schwindende elterliche Präsenz geht einher mit der Dominanz des Kindes über die Eltern. Mit so genannten Verhaltensauffälligkeiten fordern Kinder die Eltern indirekt dazu auf, ihrer persönlichen und elterlichen Präsenz nachzukommen. Setzen sich die Eltern dann entweder gewaltsam und autoritär durch oder resignieren sie, werden die Kinder entsprechend fordernd reagieren. Eine Eskalationsspirale von Gewalt und Gegengewalt beginnt. Ziehen sich die Eltern aus ihrer Erziehungsverantwortung zurück, dann wird das Kind zunehmend machtorientierter und dominanter und die elterliche Hilflosigkeit nimmt zu. „Wenn ein starkes, aktives und dominanzorientiertes Kind in einer Situation unsicherer oder desorganisierter Bindung und ohne den Rahmen einer klar erkennbaren elterlichen Präsenz aufwächst, kann sein expansives Verhaltensmuster gewalttätig werden. Wenn die Eltern ihrerseits gewalttätig sind, verschlimmert sich die Situation wegen der wechselseitigen Eskalation“ (Omer/von Schlippe 2004, S. 117).

Auf der Basis der bisher beschriebenen Grundhaltung gibt es „ ein pädagogisches Handwerkszeug“, das Eltern erlernen können und das ihnen bei den alltäglichen eigenen Antworten, die sie in Form ihres Erziehungsverhaltens und ihrer Entscheidungen in Worten und mit der Existenz ihrer ganzen Person zu geben haben, helfen kann. Welche Wege von einer so beschriebenen Erziehungshaltung zum Erziehungsverhalten führen könnten, wird im nächsten Kapitel beschrieben.

7. Von der Erziehungs*haltung* zum Erziehungs*verhalten*

Elli Jonuz/Stephanie Mörs-Hoffmann

Keiner kann sagen, dass er alles richtig macht, aber richtig ist: Klapse und Drohungen demütigen Kinder. Es kommt immer wieder einmal vor, dass Eltern die Hand ausrutscht und sie sich ihrem Kind gegenüber missachtend verhalten. Viele werden früher entweder selbst als Kind öfters solche Sätze gehört oder heute zu den eigenen Kindern gesagt haben, wie: „Du machst mich krank!“, „Das habe ich Dir schon tausend mal gesagt!“, oder „Lernst du das denn nie!“ Manchmal tun Eltern solche Sätze auch leid und sie werden von Schuldgefühlen und einem schlechten Gewissen geplagt: „Kann es sein, dass ich durch mein Verhalten bleibende Schäden bei meinem Kind verursacht habe?“ Wenn es Eltern gelingt, sich zu entschuldigen, sind Kinder meist sehr verständnisvoll und großzügig. So sagte die fünfjährige Mona, als ihrer Mutter die Hand ausrutschte, und sie sich anschließend dafür entschuldigte: „Macht nichts, Mama, das kann uns allen mal passieren!“ Auch der Umgang mit Fehlern und Schwächen wird durch Vorbilder gelernt!

Auf der Basis der bisher beschriebenen Grundhaltung des Fragens, Beobachtens, Wahrnehmens und Verstehen-Wollens können Eltern eine bewusste Haltung ihrem Kind gegenüber entwickeln, damit sie immer weniger in demütigende Verhaltensweisen geraten. Es kann ihnen bei den alltäglichen, kritischen Situationen im Erziehungsalltag helfen. Diese entwicklungsfördernde Haltung dient nicht dazu, besser funktionierende Kinder oder perfekte Eltern zu modellieren und es kann eben so wenig nur eine einfache Technik sein, die aus einem Handwerkskasten, nach dem Motto hervorgeholt werden kann: Selbstbewusstsein vorhanden, jetzt kommt die Toleranz und morgen versuchen wir es dann mit Kritikfähigkeit. Doch Erziehungsmethoden, mit denen

Grundhaltung des Fragens und Wahrnehmens

sich Stress und Konflikte im Familienalltag bewältigen lassen, und die dabei helfen, alltägliche Konflikte, Entscheidungen, Krisen und Probleme in der Familie zu bewältigen, kann sich prinzipiell jeder aneignen, ähnlich wie Personalführung oder Management.

„Wann sind deutliche Worte notwendig und wann muss ich auch mal nachgeben und entgegenkommen?“ war z.B. eine sehr häufig gestellte Frage von Eltern, die den Elternkurs „Starke Eltern – starke Kinder®“ des Deutschen Kinderschutzbundes besucht haben. *„Muss ich denn eine 100%ige Mutter oder Vater sein und wo bleiben meine Bedürfnisse?“* (www.kinderschutzbund.de). Sie fühlten sich mit ihren Problemen alleine gelassen oder waren unsicher, was richtig und notwendig in der Erziehung ist und was nicht. Auch meinten sie, dass in anderen Familien alles sehr viel besser klappt.

Der Deutsche Kinderschutzbund bot im Jahr 2000 erstmalig den Elternkurs „Starke Eltern – Starke Kinder®“ an. Hier können Eltern in zwangloser Atmosphäre mit anderen Müttern und Vätern Antworten auf ihre Fragen finden. In diesem Zusammenhang werden Eltern „angeleitet, wie sie sprechen müssen, damit ihre Kinder ihnen zuhören und wie sie als Eltern zuhören müssen, damit Kinder mit ihnen sprechen wollen.“ Weiterhin wird Eltern Anregungen gegeben, „wie sie ihre eigenen Bedürfnisse und die der Kinder unter einen Hut bekommen und wie gegenseitige Erwartungen von Eltern und Kindern zusammen gebracht werden können“ (www.kinderschutzbund.de). Es werden keine Patentrezepte vermittelt, sondern Eltern werden darin unterstützt, ihr Selbstvertrauen als Erziehende zu stärken, ihre Kinder und sich besser wahrzunehmen und mehr Freude und weniger Stress mit ihren Kindern zu haben. „Hör dem Kind mehr zu, dann verstehst du es besser“ (Honkanen-Schoberth 2002).

Eine von vielen unterstützenden Verhaltensweisen, die es Menschen ermöglicht, sich in Problemsituationen angenommen zu fühlen, ist das **Zuhören**. In bestimmten Situationen kann Schweigen eine deutliche Anteilnahme ausdrücken. Eine wortlose Anteilnahme, wie wir sie z.B. in Gesprächen mit der besten Freundin oder dem Freund, mit Familienangehörigen, mit Lehrerinnen oder Beraterinnen kennen, kann befreiend wirken. Wenn Menschen in ihren Sorgen, Nöten oder Ängsten ohne Bewertung empathisch angehört werden, fühlen sie sich entlastet. Andererseits müssen Eltern natürlich mit ihren Kindern auch sprechen, wenn sie eine verständnisvolle und innige Beziehung haben wollen. Ein weiteres Angebot, Kindern zuzuhören stellt das sogenannte aktive Zuhören dar. Aktives Zuhören ist ein Angebot bzw. eine Aufforderung dem Kind die Türe zum Sprechen zu öffnen. Die Frage, wie Eltern ihren Kindern die Türe des Sprechens öffnen können, ist dabei sehr entscheidend.

Zuhören und Anteilnahme

In dem nun folgenden Gespräch (Gordon 1972, S. 59-61) zwischen Sabine und ihrem Vater soll gezeigt werden, wie, in diesem Beispiel der Vater, seine eigenen Gedanken und Empfindungen vorerst zurück hält, um Sabine zuzuhören und ihre Gedanken und Empfindungen zu verstehen.

Sabine: Ich wünsche, ich würde mir wie Barbie ab und zu mal eine Erkältung holen. *Die hat Glück*.

Vater: Du hast das Gefühl, ein *bisschen benachteiligt* zu werden.

Sabine: Ja. Sie kann *zu Hause bleiben* und ich nie.

Vater: Du würdest wirklich gern *öfter nicht zur Schule* gehen.

Sabine: Ja. Ich mag nicht jeden Tag zur Schule gehen – einen Tag nach dem anderen. Es hängt mir zum *Halse raus*.

Vater: Du bist der Schule *überdrüssig*.

Sabine: Manchmal finde ich sie einfach *tödlich*.

Vater: Es ist *mehr als sie nicht mögen, du hasst* sie manchmal wirklich.

Sabine: Genau. Ich hasse Schularbeiten, ich hasse den Unterricht und ich hasse die Lehrerinnen.

Vater: Du hasst einfach *alles*, was mit der Schule zusammenhängt.

Sabine: Alle Lehrerinnen hasse ich eigentlich nicht – nur zwei von ihnen. Die eine von ihnen kann ich nicht ausstehen. *Sie ist die schlimmste*.

Vater: *Die eine hasst du ganz besonders*, ja.

Sabine: Und wie! Es ist die *Frau Klose*. Ich kann sie nicht riechen. Obendrein habe ich *sie das ganze Jahr hindurch*.

Vater: Du musst *sie eine lange Zeit aushalten*.

Sabine: Ja, ich weiß nicht, wie ich das überhaupt ertragen werde. Weißt du, was sie tut? Jeden Tag hält sie uns eine Predigt – sie steht da vorne, lächelt (machte es vor) und erzählt uns, wie sich eine verantwortungsbewusste Schülerin zu benehmen hat; und sie liest uns alles das vor, was man tun muss, um in der Klasse eine gute Zensur zu bekommen. *Es kann einem übel werden*.

Vater: ***Du*** *hasst es bestimmt*, dir das alles anzuhören.

Sabine: Ja. Sie lässt es unmöglich erscheinen, eine gute Zensur zu bekommen – es sei denn, *man ist ein Genie oder der Liebling der Lehrerin.*

Vater: Du fühlst *dich unterlegen*, bevor du überhaupt angefangen hast, weil du glaubst, dass du unmöglich eine gute Zensur bekommen kannst.

Sabine: Ja. Ich werde keiner dieser Lieblinge sein – die anderen Kinder hassen sie. *Ich bin ohnehin nicht besonders beliebt bei den Kindern. Ich habe einfach das Gefühl, die meisten Mädchen mögen mich nicht! (Tränen)*

Vater: **Du** *hast das Gefühl, nicht beliebt zu sein*, und das kränkt dich.

Sabine: Ja, natürlich.

Es mag sein, dass dieses Gespräch zwischen Sabine und ihrem Vater etwas unnatürlich und gekünstelt erscheint, da Menschen so „normalerweise" nicht miteinander sprechen.

Dieser Einwand ist verständlich, dennoch handelt es sich beim aktiven Zuhören nicht um eine einfache Technik, sondern um eine Grundeinstellung zum Kind. Der Vater unterlässt es strikt, seiner Tochter Lösungen oder Vorschläge zu unterbreiten, er belehrt, wiederspricht und urteilt nicht. Er versucht weder seiner Tochter gut zuzureden, noch spricht er Warnungen oder Anordnungen aus. Indem der Vater konsequent das aktive Zuhören anwendet, zeigt er Verständnis und Einfühlung für Sabines Empfindungen und ermöglicht damit seiner Tochter, die Verantwortung für ihr Problem zu behalten.

Eltern müssen Kindern aktiv zuhören **wollen**, sie brauchen Zeit und Geduld, um dem Kind mit voller Aufmerksamkeit zuhören zu können. Das kann konkret bedeuten, die Zeitung wegzulegen und sich dem Kind zuzuwenden. Es kann aber auch heißen, zu sagen: „Jetzt möchte ich erst zu Ende telefonieren und anschließend habe ich Zeit für dich!"

Die Bereitschaft, das Problem des Kindes ernst zu nehmen, ist eng verbunden mit der Bereitschaft, auch die Empfindungen des Kindes – ohne eigene Bewertung – anzunehmen. Je aufmerksamer Mutter und Vater zuhören, desto besser verstehen sie ihre Kinder. Dazu gehört auch, sich in das Kind einzufühlen; auch, wenn sich die Gefühle, die das Kind hat, völlig von den eigenen unterscheiden. In diesem Sinne sind alle Gefühle erlaubt und akzeptiert. Kinder haben ein Recht darauf, als eigenständige Personen gesehen zu werden, mit einer eigenen

Sicht der Dinge. Diese Grundeinstellung hilft Eltern Vertrauen in die Fähigkeiten des Kindes zu setzen, mit seinen Empfindungen fertig zu werden und eigene Lösungen für seine Probleme finden zu können. Eltern, die diese Haltung entwickeln und wirklich verstehen wollen, was ihr Kind meint, werden ihre Vorurteile, vorschnelle Konzepte und Zuschreibungen reduzieren und eine einfühlsamere Beziehung zu ihrem Kind aufbauen können.

Im Folgenden kommen Eltern selbst zu Wort, die Erfahrungen mit dem aktiven Zuhören sammeln konnten und die berichten, wie wirksam diese Methode in der alltäglichen Familienrealität sein kann.

„Durch aktives Zuhören kann ich Situationen entschärfen. Ich gestehe meinem Kind mehr Emotionen (Wut; Traurigkeit) zu. Ich versuche, weniger Macht auszuüben."

„Also, so die Redetechnik das „aktive Zuhören" das ist z.B. was, was bei meinem 5jährigen Sohn ganz außerordentlich gut funktioniert. Eben nicht dieses „Wir sagen jetzt, das läuft so und so ...", sondern, ja, so eine „Minikonferenz", sage ich dazu."

„Also, dieses aktive Zuhören ..., das ist das Fundamentalste, was ich aus dem Elternkurs übernommen habe. ...., das Kind bestätigen, dass es sich verstanden fühlt, das ist dann auch so ne Sache, die er [der Vater] übernommen hat und sich auch wundert, wie viele Situationen dadurch einfach entkrampft werden. Vielleicht hat er [der Vater] das auch für sein Privatleben, für sein Berufsleben übernommen, kann sein,... man kann das nicht nur mit Kindern praktizieren, sondern aktiv Zuhören ist so eine Grundlage allgemein für die Kommunikation."

„Das aktive Zuhören finde ich sehr, sehr wichtig. Das kennt man ja normalerweise überhaupt nicht."

(in: *Jonuz 2004, S. 119-128).*

Eingangs wurde die Frage gestellt, wie Eltern sprechen müssen, damit Kinder ihnen zuhören und wie sie als Eltern zuhören müssen, damit Kinder mit ihnen sprechen wollen. Das ist zweifellos in vielen Familien, aber auch in Partnerschaften ein Problem.

Wer seine Kinder respektiert und sie zu selbstständigen Menschen aufwachsen lassen möchte, der sollte ihnen viel Mitspracherecht einräumen. Kindern und Jugendlichen wird dadurch der Weg geebnet, wie sie sich auch im späteren Erwachsenenalter in Konflikten fair auseinander setzten können. Wer Beschlüsse, die ihn selbst betreffen, mitentscheiden kann, ist eher bereit, sie auch einzuhalten. Eine „Familienkonferenz“ (Gordon 1972), die auch Teestunde oder Kaffeeklatschstunde oder anders benannt werden kann, bietet die Möglichkeit, in Ruhe über Interessen und Konflikte zu reden. Bereits dreijährige Kinder sind dazu in der Lage, an einer Familienkonferenz aktiv teilzunehmen, wenn sie nicht zu lange dauert. Eine wichtige Grundregel für alle Beteiligen ist dabei, dass jeder das Recht hat zu sprechen, ohne unterbrochen zu werden und es erlaubt ist, über alles zu reden. Wünsche, Erwartungen, Putzpläne, Taschengeld oder Ausgehzeiten sind potentielle Themen, in denen Bedürfnisse ausgehandelt werden können. Eltern und Kinder bilden dabei ein Team, das sich gemeinsam auf die Suche nach einer für alle akzeptable Lösung begibt. Lösungen werden von allen vorgeschlagen, kritisch beurteilt und schließlich kommt es zur Entscheidung für eine Lösung.

Manchen Familien widerstrebt der offizielle Charakter der Konferenz und sie verbinden z.B. eine gemeinsame Unternehmung mit dem Austausch von Interessen.

Austausch von Interessen und Standpunkten

Wenn wir hier von Austausch der unterschiedlichen Interessen sprechen, bedeutet das auch, dass Eltern ihre Meinung vertreten und wenn sie ihnen wichtig ist, sie auch vor den Kindern begründen und verteidigen müssen. Dazu gehören klare Formulierungen in Worten, Haltung, Mimik und Gestik dessen, was Erwachsenen den Kindern und Jugendlichen zu verstehen geben wollen. Dazu ist es erforderlich, die eigenen Werte und Grenzen genau zu kennen. So kann es z.B. in einer Familie von Bedeutung sein, dass die Familienrituale eingehalten werden. In einer anderen Familie sind Vater oder Mutter besonders daran interessiert, dass die Kinder rechtzeitig zu Bett gehen. Für andere Eltern kann es wichtig sein, auf eine gesunde Ernährung zu achten und darum auf Süßigkeiten weitgehend zu verzichten oder sie halten es für wichtig, den Fernsehkonsum der Kinder einzuschränken oder wollen ihren Kindern vermitteln, dass die Pflichten im Haushalt auf möglichst viele verteilt werden. Bei diesen Themen, in denen es um die eigenen Werte für sich selbst und in der Erziehung geht, ist der erste Schritt, sich

Klarheit zu verschaffen, bei welchen Punkten es für einen selbst keine Diskussionen mehr gibt (die Rotzonen einer Ampelphase: Stopp, hier geht es nicht mehr weiter!) oder welche Bereiche diskutierbar sind und wo sich Eltern auch von ihren Kindern überzeugen lassen können (die Gelbzonen einer Ampelphase: Mir ist es zwar wichtig, aber ich lasse mit mir darüber reden!) und welche Bereiche es gibt, die für Eltern eher unwesentlich sind und die sie manchmal nur aus Prinzip den Kindern gegenüber für eine rote Ampelphase ausgeben. Hier gibt es für alle Eltern andere Werte, die sie für sich allerdings erst einmal definiert haben sollten, bevor sie diese den Kindern vermitteln. Nur dann, wenn Eltern wissen, was sie wollen und was nicht, können sie überzeugend für ihre Werte eintreten. Eine Mutter schilderte das so: „Seitdem ich genau weiß, dass ich abends nach einem anstrengenden Tag mit meinen Kindern meine Ruhe brauche und das auch genau so sage, gibt es kaum noch Ärger, wenn sie ins Bett gehen sollen. Ich bin so klar, in dem, was ich vermittle, dass meine Kinder das kapiert haben! Ich glaube, das tut uns allen gut."

Klare Werte

In der Regel sind Erwachsene – gerade in Konfliktsituationen – geneigt, Kindern und Jugendlichen vorzuschreiben, was sie tun sollen, indem sie auch beschuldigen und das Kind herabsetzen. Wie schnell sind solche Sätze gesagt wie: – DU bist ungezogen! – DU bist schludrig und rücksichtslos! – DU benimmst dich wie ein Baby! Alle Menschen, auch Kinder und Jugendliche, fühlen sich dann verletzt und schuldig. Solche oder ähnliche „DU-Botschaften" (Gordon 1972) beinträchtigen die Selbstachtung jedes Menschen, die einzig Widerstand hervorrufen statt der Bereitschaft das Verhalten zu ändern. Kinder sind weitaus empfänglicher für die Bedürfnisse ihrer Eltern, wenn sie mit „Ich-Botschaften" konfrontiert werden. „Ich-Botschaften" enthalten keine Wertung oder Urteile zur Person des Kindes. Sie enthalten weder Drohungen noch wird elterliche Macht ausgesprochen. Eine Ich-Botschaft besagt einfach nur: „Ich möchte, dass du weißt, dass dein Handeln für mich ein Problem verursacht." Z.B.: „Ich kann diese laute Musik nicht ertragen und darum möchte ich, dass du den CD Player leiser stellst!" An folgendem Beispiel wird eine Konfliktsituation beschrieben, in der unterschiedlichen Wünsche und Vorstellungen aufeinander treffen:

Jonas möchte mit seinen Freunden Inline skaten und findet seine Knieschoner nicht. Er will schon ohne die Ausrüstung losstürmen, als ihm seine Mutter hinterher ruft, dass er ohne Knieschoner nicht fahren darf. Er murrt und findet das blöd: *„Mir passiert schon nix, ich kann gut auf mich aufpassen."* Mutter: *„Ich glaube dir gerne, dass du auf dich aufpassen kannst. Ich habe trotzdem Angst, dass du dir was brechen könntest, wenn du hinfällst und darum will ICH auf keinen Fall, dass du ohne Knieschoner fährst."*

Jonas ist sauer, seine Freunde stehen schon draußen vor der Tür und wollen ohne ihn gehen.

Mutter: *„Jonas, ich verstehe, dass du jetzt sauer bist und gerne mitfahren möchtest. Ich werde dich trotzdem ohne Sturzhelm und Knieschoner nicht fahren lassen."*

Jonas ist sauer, trotzig und es dauert eine Weile, bis sie in Ruhe sprechen können. Inzwischen sind die Freunde ohne Jonas losgefahren. Nachdem „die dicke Luft" raus ist, überlegen Jonas und seine Mutter, welche Alternativen es geben könnte: Jonas könnte folgendes vorschlagen und beide wählen gemeinsam eine Lösung heraus: „Ich suche so lange, bis ich sie gefunden habe und fahre morgen! „ Ich wechsle mich mit Samuel ab." „Ich kaufe mir von meinem Taschengeld neue." „Du leihst mir deine Knieschoner."

In dieser Situation bekommt Jonas von der Mutter klare Grenzen gezeigt und gleichzeitig die Möglichkeit eröffnet, eine eigene Lösung für sein Problem zu finden. In Fall von Jonas ist dies möglich, da er altersentsprechend auch dazu in der Lage ist.

Alternativen ermöglichen

Bei jüngeren Kindern ist es ratsam, Alternativen anzubieten. Zum Beispiel kennen viele Eltern das Drama des (nicht) zu Bett gehen Wollens. Entscheidungsalternativen, wie z.B. ob die Gute Nacht Geschichte vor dem Zähneputzen vorgelesen werden soll oder danach, machen Kinder zu Mitbeteiligten und nicht zu Befehlsempfängern. Gerade durch begrenzte Wahlmöglichkeiten werden kleinere Kinder in Entscheidungsabläufe mit einbezogen und haben eher das Gefühl selbst bestimmt handeln zu können, als den Anordnungen der Eltern ausgeliefert zu sein.

„Aktives Zuhören“, die Vermittlung von „Ich-Botschaften“, die Durchführung von „Familienkonferenzen“, die Klarheit der eigenen Werte zu vermitteln oder die Möglichkeit, dem Kind Alternativen zu geben, können alle Eltern mit ihren Kindern selbst ausprobieren. Da es aber um *eine Grundeinstellung zum Kind geht*, bedarf es nicht nur der „Technik“ sondern auch und vor allen Dingen der Überprüfung eigener Werthaltungen und Einstellungen zum Kind. Einige wichtige Fragen, die sich Eltern in diesem Zusammenhang stellen können, sind: Bin ich wirklich davon überzeugt, dass mein Kind Mitgestaltungsmöglichkeiten bekommen soll? Will ich mir wirklich Zeit nehmen und ganz präsent sein, wenn wir miteinander sprechen? Halte ich mein Kind für ein eigenständiges Subjekt und nehme seine Meinung ernst? Kenne ich meine eigenen Grenzen und kann sie meinem Kind gegenüber gut vertreten? Will und kann ich mit den Lösungsvorstellungen meines Kindes leben oder habe ich eher Angst, dass ich meine elterliche Macht verliere?

Zur Beantwortung dieser und weiterer Fragen können andere Menschen zur Unterstützung und als Reflexionshilfe hilfreich sein. So spielt z.B. in dem Elternbildungsangebot „Eltern Stärken“ (vgl. Schopp 2005) der partnerschaftliche und dialogische Austausch zwischen Eltern und die Unterstützung von elterlichen Selbsthilfeinitiativen eine zentrale Rolle. Das Konzept entstand aus dem Verständnis heraus, dass Eltern im Ringen um das „richtige“ Erziehungsverhalten im Zusammenleben mit ihren Kindern eine Unterstützung brauchen, die ihre vorhandenen Stärken und Ressourcen stärkt. „Der Dialog bezieht die Eltern in einer Seminargruppe aktiv ein. Anstatt darauf zu warten, dass ihnen Experten raten bzw. vorschreiben, „wo es lang geht“, werden die Eltern vorrangig darin unterstützt, der eigenen Antwort, die sie in einem gemeinsamen Denkprozess selber finden, zu vertrauen“ (Schopp / Wehner, in: Tschöpe-Scheffler 2005 a, S. 161).

Im Dialog zu eigenen Antworten kommen

Die hier abgebildeten Dialog-Regeln helfen, den Teilnehmer/innen des Kurses im Dialog zu bleiben. Sie können aber auch als Erinnerungsstütze für die eigene Grundhaltung im Familienalltag genutzt werden.

Dialog-Regeln

- Jede/r genießt den gleichen Respekt.
- Ich vertraue mich neuen Sichtweisen an.
- Mir ist klar, dass meine „Wirklichkeit“ nur ein Teil der ganzen „Wahrheit“ ist.
- Ich genieße das Zuhören.
- Ich brauche niemanden von meiner Sichtweise zu überzeugen.
- Wir verzichten auf eine einvernehmliche Lösung.
- Bevor ich rede, nehme ich mir einen Atemzug Pause, ich verlangsame mich.
- Ich rede von Herzen und fasse mich kurz.
- Ich nehme Unterschiedlichkeit als Reichtum wahr (Schopp 2005a, S. 71).

Die genannten Dialog-Regeln sind aus den „Zehn Kernfähigkeiten im Dialog“ (Hartkemeyer/Dhority 2001, S. 78ff.) abgeleitet, von denen die wichtigsten im Folgenden dargestellt werden, da sie auch im Eltern-Kind-Dialog von Bedeutung sind.

Der Dialog ist mehr als das, was wir im Allgemeinen unter einem Gespräch verstehen. Dialog beschreibt eine besondere Haltung, die durch eine „bewusste Aufmerksamkeit sich selbst und anderen gegenüber“ und durch „ein „echtes Interesse“ an den Menschen, denen ich gerade gegenübersitze“ geprägt ist. Hauptintention des Dialogs ist es, eine vertrauensvolle Atmosphäre zu schaffen, in der sich durch Fragen, Zuhören und gegenseitigem Verständnis *gemeinsame Denkprozesse* entwickeln können. Die erste dialogische Kernfähigkeit geht davon aus, dass Weiterentwicklung und Zugewinn an Wissen nur dann möglich sind, wenn Menschen bereit sind, die *Haltung eines Lernenden, Suchenden* und *Fragenden* einzunehmen und sich nicht von vornherein als „Wissende“ verstehen. Die Haltung eines Lernenden „erfordert Offenheit und die Bereitschaft, sich einzugestehen, dass ich im Grunde nichts wirklich weiß, jedoch etwas lernen möchte“ (Schopp 2005a, S. 73). Diese Grundhaltung ist die Voraussetzung dafür, alte Denk- und Verhaltensmuster in Frage zu stellen, sich auf Neues und Fremdes einzulassen und somit durch die Sichtweise des anderen neue Erkenntnisse zu gewinnen. *Erziehung* unter dem Aspekt des Suchens und Fragens betrachtet, ebnet den Weg zu einer dialogischen Beziehung zwischen Eltern und Kindern, durch die ein gemeinsamer Entwicklungsprozess möglich wird.

Eine weitere zentrale Dialogfähigkeit bildet der *radikale Respekt*, der ein wesentliches Element der Empathie darstellt. „Ich akzeptiere nicht nur wer Du bist. Ich versuche auch, die Welt aus deiner Perspektive zu sehen“ (Hartkemeyer/Dhority 2001, S. 79).

Ein offener Austausch über Ansichten und Überzeugungen und die Bereitschaft, sein eigenes Denken von anderen beeinflussen zu lassen, bildet eine weitere dialogische Kernfähigkeit, die eine wesentliche Voraussetzung dafür ist, von- und miteinander lernen zu können. Offenheit entsteht nur in einer angstfreien Atmosphäre, und sie braucht viel Vertrauen, so dass jeder sicher gehen kann, nicht bloß gestellt oder verletzt zu werden. Der Dialog schafft hierfür einen sicheren, (vor-) urteilsfreien, bewertungsfreien Raum und ermöglicht damit ehrlichen Austausch über Gelingen und Scheitern in der Erziehung. „Von Herzen sprechen“ lautet eine weitere sehr wichtige Schlüsselkompetenz. Lange, intellektuelle Wortspielereien dienen häufig dazu, „von Herzen kommende“ Gefühle vor anderen und *vor sich selbst* zu verdecken. Über sich selbst zu sprechen und dabei auch bei sich zu bleiben, bildet eine sehr wichtige Voraussetzung für eine ehrliche Überprüfung der eigenen Einstellungen und erleichtert es darüber hinaus anderen, sich einzufühlen und zu verstehen. Die Dialog-Regel „Sprich von Herzen und fasse dich kurz“ meint zusammengefasst: ich spreche von dem, was mir wirklich wichtig ist, ich verwende „ich“ statt „man“, ich vermeide Monologe und spreche nicht, um zu scheinen oder zu brillieren (vgl. Schopp 2005a, S. 78). Ich bin als Person präsent und zeige mich auch so.

Eine weitere Kernfähigkeit ist das Zuhören. Zuhören im dialogischen Sinne will nicht nur wohlwollendes Verständnis zeigen, sondern betont ausdrücklich den Aspekt des *„Verstehen-wollens“*. Der Hetze, der insbesondere Eltern täglich ausgesetzt sind, versucht der Dialog entgegen zu wirken, indem nicht das Produkt, sondern der gemeinsame *Prozess* in den Mittelpunkt gerückt wird. Die Verlangsamung gehört somit ebenfalls zu den Kernfähigkeiten. Wer im Erziehungsgeschehen Verlangsamung leben kann, abwartet und nicht immer nur reagiert, schafft mit der Zeit eine ruhige konzentrierte Atmosphäre. Er kann in-

Prozesse brauchen Verlangsamung

nehalten, warten, sein lassen und den Situationen Raum geben, sich zu entfalten.

Die folgenden Rückmeldungen von Teilnehmer/innen aus dem Kurs „**Eltern Stärken**" beschreiben die positiven Veränderungen in der Erziehungshaltung und im Erziehungsverhalten von Eltern, die die dialogischen Kernfähigkeiten in ihrer Familie ausprobiert haben.

> „Die Gespräche im Kreis haben mich angeregt, über mein Verhalten zu meinen Kindern nachzudenken. Ich habe gelernt, mit den Augen meiner Kinder zu sehen. Was dabei heraus kam, war nicht immer angenehm. Bin ich ein gutes Vorbild für meine Kinder?"
>
> „Ich gehe an manche Probleme anders ran als vorher; ich habe von anderen hier gelernt, z.B.: Regelungen treffen in der Familie; ich habe selbst Pflichten, auch die Kinder. Wir reden jetzt mehr miteinander, vorher wurde mehr geschrieen. Beispiel „Schimpfwörter": Die Kinder lernen auch von mir. Ich habe meine Aussprache überprüft. Das hat sich auf das Sprachverhalten der Kinder positiv ausgewirkt."
>
> **„Ich muss nicht mein Kind verändern wollen, sondern meine Einstellung ändern."**
>
> (Schopp/Wehner, in: Tschöpe-Scheffler 2005a, S. 165-169)

Es kann förderlich sein, wenn Eltern sich mit ihren Problemen austauschen und nach neuen Lösungsmöglichkeiten im Umgang mit ihren Kindern suchen.

Eine weitere methodische Hilfe, die beschrieben werden soll, stammt aus dem Elternkurs „***Kess***-erziehen" (AKF 2003). In diesem Kurs bekommen Eltern durch erfahrungsbezogene Übungen neue Impulse, wie sie jeweils situationsorientiert mit Verhaltensweisen ihrer Kinder umgehen können, die sie stören. Es geht darum, Konfliktsituationen zu entschärfen und so zu handeln, dass die Situation nicht eskaliert. Auch hier spielt das Innehalten, das „Luftholen und Durchatmen", bevor man handelt, eine wichtige Rolle. In vier Schritten bietet die „IRIS-Strategie" dazu die Möglichkeit.

1. Schritt) **I** wie innehalten

Das verfolgte Ziel ist, sich selbst innerlich „Stopp!" zu sagen, nicht aus dem Affekt z.B. mit Strafpredigten, verbalen Auseinandersetzungen oder Disziplinierung reagieren, sondern aus einer drohenden Eskalation aussteigen und innehalten.

2. Schritt) **R** wie respektieren:

Das Kind respektieren und versuchen, es zu verstehen! Es handelt so, weil es befürchtet, dass die Erziehenden es aus den Augen verloren haben könnten.

3. Schritt) **I** wie ignorieren:

Dem unerwünschten Verhalten so wenig Raum wie möglich geben!

4. Schritt) **S** wie selbst handeln:

Mit Blick auf die versteckte Botschaft handeln. Ermutigende Impulse setzen, in der Situation selbst sowie darüber hinaus.

(Horst, in: Tschöpe-Scheffler 2005a, S. 90)

Neben den hier beschriebenen gibt es noch sehr viel mehr Wege, die Eltern gehen können, um Konflikte zu vermeiden oder zu lösen, Grenzen zu setzen oder ihre Erziehungspräsenz wahrzunehmen. Väter und Mütter haben da ihr eigenes großes „Erziehungsrepertoire", das sie überprüfen, erweitern und einsetzen und dem sie vertrauen können.

Die Grundvoraussetzung aber bleibt: Fragen, Beobachten, Wahrnehmen, Zuhören und Verstehen-Wollen einerseits und andererseits als Mutter, Vater, Erzieher/in mit der eigenen Person und mit den eigenen Werten präsent zu sein.

Eltern können sich bei der Entwicklung ihrer Erziehungshaltung und ihrem Erziehungsverhalten begleiten lassen. Unterstützungen gibt es inzwischen in vielfältiger Form, einige werden im nächsten Kapitel kurz vorgestellt.

8. Was passiert in Elternkursen?

Sigrid Tschöpe-Scheffler

Durch die genannten Schwierigkeiten, denen Familien heute vermehrt ausgesetzt sind, wird eine Elternbildung, die neben der Unterstützung der Erziehungsaufgaben auch die Begleitung in der eigenen Lebensführung mit einschließt, immer wichtiger. Diese Begleitung hat inzwischen vielfältige Formen gefunden z.B. Elternkurse mit einem Schwerpunkt auf der Unterstützung der Erziehungsfähigkeit oder dem Fokus auf der Paarebene, Eltern-Kind-Gruppen als Erprobungs- und Einübungsmöglichkeit neuer Handlungsalternativen, Elterngesprächskreise, Erziehungspartnerschaften zwischen Eltern und Erzieher/innen und/oder Eltern und Lehrer/innen oder Stadtteil- und Netzwerkarbeit mit Eltern.

Starke Kinder brauchen starke Eltern

Nur wer selbst die Fähigkeiten von Bindung und Autonomie entwickeln konnte, wird davon in der Erziehung seiner Kinder etwas weitergeben können. Darum ist die Begleitung bei der **individuellen Weiterentwicklung und Persönlichkeitsbildung** in vielen Kursen ebenso wichtig, wie die Unterstützung einer erweiterten Erziehungs- und Beziehungskompetenz im Umgang mit Kindern.

Je nach „Eltern-Typ" kann die Motivation, nach Unterstützung zu suchen, sehr unterschiedlich sein: Interessierte und motivierte Eltern, übermotivierte Eltern, hilflose oder entmutigte Eltern haben unterschiedliche Wünsche an die Art der Unterstützung.

Interessierte und motivierte Eltern bekommen entweder gerade ihr erstes Kind oder haben kleine Kinder. Sie möchten von Anfang an richtig handeln und sie sind selbst sehr aufgeschlossen, interessiert und möchten gerne dazulernen. Diese Eltern haben eine gute Beziehung zu ihren Kindern und haben konkrete Fragen. Für sie ist es vor allen Dingen wichtig, sich auszutauschen, Bestätigung und dadurch Sicherheit zu finden und neue Erkenntnisse zu gewinnen.

Übermotivierte Eltern wissen schon sehr viel, weil sie viel gelesen und sich ausgiebig informiert haben und möchten auf keinen Fall irgendetwas bei ihrem Kind versäumen. Ihr Kind soll möglichst gut gefördert werden. Meist handelt es sich um Eltern, die ein oder höchstens zwei Kinder haben und bei denen das Kind/die Kinder im Mittelpunkt der Aufmerksamkeit, nicht nur der Eltern, sondern auch der Großeltern und der gesamten Familie stehen (eine kindzentrierte Familie). Diese Eltern stehen oft unter hohem Druck und muten auch ihren Kindern viel zu. Oft kommen diese Eltern, weil sie noch „besser“ und „perfekter“ sein möchten, erfahren aber oft im Kurs, wie erleichternd es sein kann, wahrzunehmen, dass das Kind mit seinen Selbstentfaltungskräften vieles auch selbst reguliert und sie nicht alles **für**, sondern mehr **mit ihrem Kind** entscheiden und gestalten können. Das entlastet Eltern und Kinder und das Beziehungsgefüge. Die Beziehung zwischen Eltern und Kindern kann wieder spielerischer und gelassener werden und die Väter und Mütter können auch ihre eigenen Bedürfnisse wieder stärker in den Blick nehmen.

Die eher hilflosen und entmutigten Eltern fühlen sich mit ihren Kindern nicht mehr wohl, haben ständig Machtkämpfe zu Hause und fühlen sich von ihren Kindern terrorisiert. Diese Eltern brauchen ganz konkrete Hilfen für den Alltag, damit sie wieder durchatmen können und positive Erlebnisse mit ihren Kindern haben. Sie können durch die Begleitung ihre elterliche Erziehungspräsenz aktivieren lernen und damit wieder zum Vorbild werden. Sie lernen, wie sie klare Regeln und Strukturen, die ihnen selbst und den Kindern Sicherheit geben, umsetzen können. Die Eltern lernen praktische und wirksame Verhaltensweisen für den Alltag, damit sie wieder handlungsfähig werden.

Familien- und Elternbildung soll „ auf Bedürfnisse und Interessen sowie auf Erfahrungen von Familien in unterschiedlichen Lebenslagen und Erziehungssituationen eingehen, die Familie zur Mitarbeit in Erziehungseinrichtungen und in Formen der Selbst- und Nachbarschaftshilfe besser befähigen sowie junge Menschen auf Ehe, Partnerschaft und das Zusammenleben mit Kindern vorbereiten.“ So steht es in § 16 SGB VIII, der die Förderung der Familienerziehung in den Mittelpunkt stellt und die Träger der Jugendhilfe verpflichtet, den Erziehungsberechtigten Unterstützung in ihrer Erziehungsverantwortung anzubieten. Als Bereiche dieser Unterstützungsleistungen werden ausdrücklich neben der Beratung und der Familienerholung und -freizeit die **Angebote der Familien- und Elternbildung** genannt. Ziel ist die Stärkung der Erziehungsverantwortung der Eltern, wobei diese „bedarfsgerecht" auf unterschiedliche Lebenslagen und Familienformen zugeschnitten sein sollte. Hinzu kommt, dass es mit der Verabschiedung des Gesetzes zum Recht des Kindes auf eine gewaltfreie Erziehung im November 2000 im Bürgerlichen Gesetzbuch § 1631,2 nicht mehr ins Belieben der Eltern gestellt ist, **wie** sie ihre Kinder erziehen: *„Kinder haben ein Recht auf gewaltfreie Erziehung. Körperliche Bestrafungen, seelische Verletzungen und andere entwürdigende Maßnahmen sind unzulässig."* Gleichzeitig wurden Jugendhilfeträger durch eine Ergänzung im Kinder- und Jugendhilfegesetz (§ 16) verpflichtet, dass sie *„Eltern Wege aufzeigen sollen, wie Konfliktsituationen in Familien gewaltfrei gelöst werden können."*

Recht des Kindes auf gewaltfreie Erziehung

Beiden Forderungen, der **„Elternpflicht auf Erziehung"** und dem **„Kindesrecht auf eine gewaltfreie Erziehung"** im Zusammenhang mit der Selbstverpflichtung des Staates, den Eltern Unterstützung in ihren Erziehungsaufgaben zu geben, entsprechen vielfältige Angebote der Elternbildung, die sich zur Zeit zu einem großen, fast unübersichtlichen, teilweise kommerzialisierten „Markt der Möglichkeiten" entwickeln. Undurchschaubarkeit und Vielfältigkeit der Angebotspalette, die zudem noch von unterschiedlichen Trägern initiiert und verantwortet wird, diese wiederum in verschiedenen Institutionen sowohl der Erwachsenen- und Familienbildung aber auch in Kindertageseinrichtungen, Schulen, Gemeinden, Beratungsstellen, Krankenhäusern, etc. angeboten wird, machen eine Übersicht fast unmöglich. Darum sollen aus der Vielfalt der Angebote hier vor allen Dingen die Eltern- und Familienkurse genauer vorgestellt werden, die Vätern und Müttern in besonderer Weise Unterstützung anbieten, ihren **eigenen Weg** in der Beziehung zu ihren Kindern zu finden.

Nicht nur Träger der Familienbildung, auch Eltern fragen inzwischen nach den Unterschieden der Angebote, insbesondere der Elternkurse, und wollen sich informieren. Die aktuelle Landschaft der Elternbildung erstreckt sich von standardisierten Konzepten mit klarer Programmstruktur über das Setting der Gruppenarbeit (mit Eltern, aber auch mit Eltern und Kindern) bis hin zu Ansätzen mit einer hohen Mitbeteiligung, in denen Eltern mit ihren jeweiligen Fähigkeiten in Kindertageseinrichtungen oder in die Stadtteil(kultur)arbeit einbezogen sind.

Kinder als Experten in eigener Sache

Elternbildungsangebote, die eine **klare Programmstruktur** vertreten, fußen auf unterschiedlichen Theorien. Dadurch grenzen sie sich nicht nur voneinander ab, sondern zeigen auch deutliche Schwerpunkte in der inhaltlichen und methodischen Gestaltung. Entweder arbeiten sie nach humanistischen Schulen, wobei die Bandbreite vom personenzentrierten Ansatz über den individualpsychologischen oder auch (humanistisch-)eklektischen gehen kann oder sie arbeiten vorwiegend verhaltenstherapeutisch und kognitiv-behavioral. Das Elterntraining nach dem **personenzentrierten Ansatz von Thomas Gordon**, das bereits seit Jahrzehnten auf dem Markt ist, wurde in den 70er Jahren in vielen Familien als „Familienkonferenz" erprobt. Manche der Elternkurse, die in den 90er Jahren des 20. Jahrhunderts entwickelt wurden, beziehen sich auf Thomas Gordon und speziell seine Methoden des „aktiven Zuhörens" oder der Vermittlung von „Ich-Botschaften". Ein offener, ehrlicher Umgang miteinander ist dabei das wichtigste Ziel. Eltern sollen ihre Kinder als Experten in eigener Sache wahrnehmen. Sie lernen Kommunikationstechniken die ihnen den Umgang mit ihrem Kind, aber auch mit dem Partner, der Partnerin, erleichtern können. Und sie lernen, dass ihre Kinder Probleme auch selbst lösen können. Wer Rechte hat, muss auch Pflichten übernehmen. Wer mitentscheiden darf, trägt auch die Konsequenzen seines Handelns. Am Vorbild der Eltern lernt das Kind so zu kommunizieren, dass es Probleme mit Gleichaltrigen und Erwachsenen (z.B. Lehrer) selbst regeln kann. Das Gordon Training ist ein präventiver Ansatz, der keine schnellen Lösungen anbietet und zu Familien passt, die großen Wert auf eine sprachliche Verständigung legen, die demokratisch erziehen und sich die Zeit nehmen wollen, mit ihren Kindern zu kooperieren und alltägliche Fragen gemeinsam zu besprechen, z.B. in der regelmäßig stattfindenden „Familienkonferenz".

Im deutschsprachigen Raum am meisten verbreitet sind allerdings drei andere Programme, die in ihren Ansätzen sehr unterschiedlich sind: Das Programm des Deutschen Kinderschutzbundes „Starke Eltern – Starke Kinder®“, das aus Australien adaptierte Programm Triple P (Positive Parenting Program) und das amerikanische Programm STEP (Systematic Training für Effective Parenting), das von Trudi Kühn und Roxana Petcov in Deutschland vertreten wird.

„Starke Eltern – Starke Kinder®“ besteht in seinen Anfängen schon seit 1985 und wurde im Kinderschutzbund Aachen von der Begründerin Paula Honkanen Schoberth selbst erprobt, bevor sie dann federführend im Jahr 2000 für den Bundesverband ein Kursleiterhandbuch herausgab, nach dem die Multiplikatorinnen jetzt geschult werden und Elternkurse in Ortsverbänden oder Familienbildungsstätten anbieten. Inzwischen gibt es allein in NRW ca. 1000 ausgebildete Multiplikatorinnen. Dem Konzept liegt ein humanistischer Ansatz zugrunde und die Orientierung an der UN-Kinderrechtskonvention stellt einen Leitgedanken der Arbeit dar: Die Rechte und Entwicklungsbedürfnisse von Kindern deutlich zu machen, ist darum ein wichtiges Ziel des Kurses. Die kindlichen Mitbestimmungs- und Gestaltungsmöglichkeiten sollen im Familiensystem gestärkt werden. Eltern lernen, den Fähigkeiten ihres Kindes zu vertrauen, und es so anzuleiten, dass es **eigene Lösungen** findet. Eltern reflektieren ihre eigenen Gefühle im Umgang mit ihrem Kind, stellen fest, welche Werte ihnen wichtig sind und lernen ihr Verhalten an ihren Werten zu orientieren. Sie bemühen sich um einen positiven Blick auf ihr Kind und geben ihm auf dieser Basis ermutigende Rückmeldungen. Durch das Vorbild der Eltern lernt das Kind, Rücksicht auf andere Familienmitglieder zu nehmen. Da die Erwachsenen es als Gesprächspartner ernst nehmen, lernt es, sich offen auszudrücken. Da ihm vertraut wird, entwickelt es seinerseits Vertrauen in die Menschen, die es umgeben.

Vorbild der Eltern

Das Konzept **„Triple P“** ist in Deutschland, wegen seiner stark strukturiert vorgebenden Verhaltensanweisungen und der im Konzept fehlenden Möglichkeiten der Selbsterfahrung der Eltern, nicht ganz unumstritten. Triple P hat eine klare Orientierung an **Lernprinzipien.** Aus diesem Theoriehintergrund stammen z.B. Methoden der Belohnung, des geplanten Ignorierens oder die gezielten Anweisungen, die als Erziehungsstrategien in dem Kurs gelernt werden. Das große Potential von Eltern, so meine Kritik an dem Ansatz, wird in der klar vorgegebene Kursstruktur zu wenig berücksichtigt.

Nicht minder weit verbreitet, bundesweit und im deutschsprachigen Ausland, aber aus einer anderen wissenschaftlichen Schule stammend ist das **STEP-Elterntraining**, es basiert auf individualpsychologischen Grundlagen nach Alfred Adler und Rudolf Dreikurs, die das Zugehörigkeitsgefühl des Individuums als Antrieb für sein Verhalten verstehen. Seit 1998 gibt es in Deutschland STEP-Kurse. Jeder Mensch fühlt sich nur dann wohl, wenn er das Gefühl der Zugehörigkeit hat. Kinder fühlen sich zugehörig, wenn sie spüren, dass sie geliebt, respektiert und beachtet werden. Sie sollen Einfluss nehmen dürfen, in den Familienalltag eingebunden und in Entscheidungsprozesse mit einbezogen werden. Aber sie sollen auch lernen, die Konsequenzen ihres Handelns zu tragen. Erziehung soll ermutigen. In dem Kurs werden Eltern ermutigt, nicht perfekt sein zu müssen. Eltern lernen, ihrem Kind Verantwortung zu übertragen und in Konflikten zwischen „Tat" und „Täter" zu trennen. In dem Sinne: Mein Kind ist in Ordnung, nur was es grade macht ist falsch und das sage ich ihm. STEP-Kurse passen zu Eltern, die motiviert sind, sich mit dem Thema Erziehung und mit sich selbst auseinanderzusetzen.

Zugehörigkeit des Kindes

Im **Encouraging-Training** verdichtet sich der individualpsychologische Theoriehintergrund nach Alfred Adler und Rudolf Dreikurs zu einem handlungsorientierten Programm, bei dem die Ermutigung von Eltern und Kindern im Mittelpunkt steht. Es wurde dahingehend von Theo Schoenaker weiterentwickelt und wird im Adler-Dreikurs-Institut angeboten. Schritte der **Ermutigung**, die notwendig sind, damit Kinder sich positiv zugehörig fühlen können, werden auch im **Kess** Erziehungstraining erlernt, das von der Arbeitsgemeinschaft Katholischer Familienbildung konzipiert wurde. Der Name Kess steht für kooperativ, ermutigend, sozial und situationsorientiert. Hier wurden weitere methodische Zugänge entwickelt, u. a. auch für die religiöse Erziehung und es wird Wert darauf gelegt, dass durch die nur fünf Seminareinheiten auch Eltern angesprochen werden, die nicht so lange Verbindlichkeiten eingehen wollen. Es wird gelernt, „Edelsteinmomente" als besondere Momente der Begegnung wahrzunehmen und diese zu aktivieren. Eltern lernen, ihre ganze Aufmerksamkeit auf das Kind zu richten, ihm „aktiv zuzuhören oder so authentisch zu sein, dass sie offen sagen, wenn sie z.B. gerade keine Zeit haben. Ein humorvoller Umgang mit Konflikten schafft die nötige innerliche Distanz bei drohenden Eskalationen. Der Fokus liegt auf der Wahrnehmung der **positiven Eigenschaften**, dadurch wird das Kind in seinem Selbstwertgefühl gestärkt. Es traut sich mehr zu und lernt Verantwortung zu übernehmen.

Die Struktur und der Inhalt des Familienprogramms **FuN – Familie und Nachbarschaft** sind insbesondere durch verschiedene Theorierichtungen der systemischen Familientherapie geprägt. In FuN wird mit Eltern und Kindern nach einem achtstufigen immer wiederkehrenden Rahmenprogramm gearbeitet und dabei gleichzeitig Wert auf die Vernetzung mit einer Institution (z.B. Kindertagesstätte) und dem Stadtteil gelegt. Da das niederschwellige Konzept hauptsächlich in Zusammenarbeit mit Sozialisationsinstitutionen, wie Kindertagesstätten und Grundschulen angeboten wird, können dadurch *auch* gezielt Eltern angesprochen werden, die einen besonderen erzieherischen Unterstützungsbedarf haben oder denen es an unterstützenden Kontakten im sozialen Umfeld fehlt. Durch praktisches erfahrungsorientiertes Lernen in der Eltern-Kind-Gruppe gewinnen die Eltern an **Erziehungssicherheit**, ihre notwendige **Erziehungsautorität** wird gestärkt sowie die **Strukturbildung** in der Familie gefördert. Kinder erfahren Halt und Orientierung durch ihre Eltern und lernen Regeln und Grenzen zu akzeptieren. Durch Kooperations- und Kommunikationsspiele am gemeinsamen Familientisch werden die **innerfamiliären Beziehungen gefestigt** und im Programmpunkt Elternzeit wird der Schwerpunkt vor allem auf den Aufbau von solidarischen Kontakten außerhalb der Familie gesetzt.

Eltern stärken sich untereinander

Als Gegenpol zu den Angeboten mit einer klaren Programmstruktur wird beim Jugendamt der Stadt Dortmund und demnächst auch in anderen Einrichtungen das Konzept **„Eltern Stärken“** sehr erfolgreich angeboten. Es arbeitet nach der dialogischen Anthropologie Martin Bubers und wurde von Johannes Schopp entwickelt. Martin Buber geht davon aus, dass die menschliche Existenz in ihrem tiefsten Wesen Beziehung ist. Dadurch wird der Dialog als die „Begegnung“ von „Wesenskern zu Wesenskern“ ein zentraler Bestandteil der menschlichen Existenz. In einem wahrhaftigen Dialog wird der Mensch ganzheitlich angesprochen, nicht nur der Kopf. „Begegnung" heißt sowohl im Kontakt mit sich selbst zu sein als auch mit den anderen.

Hier wird der Ablauf **nicht** von einem professionellen Experten und dessen didaktischer Vorüberlegung vorgegeben. Es werden vorwiegend **dialogisch,** mit Hilfe der zehn Kernfähigkeiten des Dialogs, die für die Eltern aktuellen Themen gemeinsam erarbeitet.

Dialogische Seminare sind immer als Prozesse zu sehen. Jeder Prozess entwickelt sich anders, ist einzigartig und gestaltet sich in seiner Tiefe und seinem Tempo unterschiedlich.

Der Dialog in den Seminaren ist mehr als nur Wissensvermittlung. Er ist vielmehr ein durch „unschuldige" Fragen angeregter Austausch und führt zu gemeinsamem Lernen von und miteinander, ohne Belehren, unter gleichwertigen Partnern. Er ist ein ehrlicher Austausch über eigene Erfahrungen und Verhaltensweisen und schließt auch persönliche Ängste, ja eigene Affinitäten zu bestimmten Themen ein. Er hat zum Ziel**,** im gemeinsamen Denkprozess persönliche Antworten zu finden. Der Zweck des Dialogs ist es nicht, einen Konsens zu finden. Es gibt keine verallgemeinernden Antworten. Unterschiedliche Sichtweisen bleiben im Dialog gleichberechtigt nebeneinander stehen.

Dieser Austausch soll den Einzelnen in die Lage versetzen, sein jeweiliges Verhaltensinventar so zu erweitern, dass es ihm in seinem jeweiligen Erziehungsalltag eine konkrete Hilfe ist und seiner Alltags- und Lebensbewältigung dient.

Die Anwesenden lernen kognitiv und emotional. Die gewählten Methoden, z.B. bestimmte Fragestellungen, Fantasiereisen oder ein „Redestein" sollen lediglich helfen, den Gedankenfluss der Anwesenden in Gang zu bringen. Die Begegnungen, die sich zwischen den einzelnen Teilnehmern und der Gruppe während des Dialogs abspielen, erleichtern es den Eltern, die Verbindung zur eigenen Stärke wiederherzustellen. Die Eltern erfahren, dass das „Störende", „Auffällige", „Belastende" und das „Kranke", genauso zum Leben gehören, wie das von ihnen ersehnte Gute, Funktionierende und Gelingende. Die eigene Kindheit und Erziehung werden von den Eltern reflektiert, wodurch mehr Verständnis entstehen kann.

Durch die Wirkung von Aufmerksamkeit und Beachtung, die die Eltern selbst erleben konnten, können sie achtsamer mit den eigenen

Kindern umgehen. Sie sind damit in der Lage, die dialogische Atmosphäre in den häuslichen Alltag zu übertragen.

Beeindruckende Beispiele aus Großbritannien präsentierten, wie Elternarbeit in die Gemeinwesenarbeit integriert sein kann (Early Excellence Centres – Pen Green): Ein multifunktionales Haus mit einem interdisziplinären Team, in dem neben der Kleinkindbetreuung, der Eltern- und Erwachsenenbildung, dem Gesundheitswesen und Freizeitangeboten auch Weiterbildung und Studium möglich sind. Die Eltern werden darin unterstützt, sich nicht als Opfer der Verhältnisse zu erleben, sondern ihre Lebenswelt aktiv mit zu gestalten. Diese Beispiele dienten u.a. dem Kinder- und Familienzentrum Berlin, Schillerstraße als Vorbild, auch hier steht das erfahrungsorientierte Lernen im Dreiecksverhältnis Eltern – Kind – Erzieher/in einer Institution im Mittelpunkt. Dass die Kooperationen der Eltern mit der Kindertageseinrichtung und ihre Mitbeteiligung Auswirkungen bis in den Stadtteil haben können, zeigen Beispiele aus verschiedenen „Elternwerkstätten". Konzepte, wie z.B. das des Essener Interkulturellen Büros, arbeiten ebenfalls netzwerkorientiert und integrativ mit speziellen Zielgruppen, z.B. Familien mit Migrationshintergrund und unterstützen dabei in besonderer Weise einen dialogischen Prozess, in dem „Eltern von Eltern bzw. Mütter von Müttern lernen". Eltern und Familien in schwierigen Lebenssituationen zu begleiten, kann demnach nicht nur bedeuten, ihnen Erziehungswissen zu vermitteln, sondern muss gleichzeitig auch ihre Handlungsoptionen erweitern helfen, die sie in die Lage versetzen, sich in ihrem Lebensraum als mitgestaltende Subjekte mit Selbstwirksamkeit erleben zu können.

Elterbildungsangebote für alle Eltern?

Unter diesen Gesichtspunkten kann davon ausgegangen werden, dass Eltern **aller** Bildungs- und Sozialschichten zur kompetenten Wahrnehmung und Bewältigung ihrer Erziehungsaufgabe **Hilfen, Anregungen, Austausch und Unterstützung benötigen, damit** sie und ihre Kinder ohne Stress und ohne Gewalt miteinander auskommen können, das Familienleben (wieder) Freude macht, das Selbstwertgefühl der Kinder ebenso gestärkt wird wie die Elternrolle, damit Eltern ihre Erziehungsautorität wahrnehmen lernen und Kinder sich angemessen entwickeln und entfalten können.

Sowohl für die Entwicklung der (jüngeren) Kinder als auch für die Stabilisierung des Familiensystem könnte es sich insgesamt entwicklungsfördend auswirken, **wenn die Aufgaben des Mutter- und Vaterseins als gesellschaftlich anerkannte „Berufe" nicht nur gewürdigt, sondern auch bezahlt würden und dafür selbstverständlich Aus-, Fort- und Weiterbildung in Anspruch genommen werden kann, so wie für alle anderen Berufe auch**. Eltern mit Liebe zu ihren Kindern und einer bewussten entwicklungsfördernden Haltung, erfahren darüber hinaus noch einmal einen besonderen Wert, der vorwiegend in der zufrieden stellenden Art des Zusammenlebens liegen könnte, aber auch in der Herausforderung, durch Kinder mit eigenen Entwicklungsaufgaben konfrontiert zu werden. Erziehung und Beziehung als gemeinsamen Prozess des Wachsens zu erfahren, in dem sich Eltern und Kindern wechselseitig fordern und fördern, achten und respektieren wird als Lebensbereicherung erlebt, so jedenfalls lauten die Ergebnisse aus unterschiedlichen Evaluationen im Anschluss an die Besuche der Elternkurse.

Vater- und Mutterschaft als „Berufe"?

Um ihre Erziehungsverantwortung auch entwicklungsfördernd leben zu können, benötigen Eltern neben guten Rahmenbedingungen, einer positiven Würdigung und der gesellschaftlichen Anerkennung ihrer Arbeit auch Austausch, ein gut funktionierendes Netzwerk und die Begleitung durch Maßnahmen der Elternbildung.

Kontaktadressen von Elternkursen, die wir besonders empfehlen:

Starke Eltern- Starke Kinder®
Kontaktadresse:
Deutscher Kinderschutzbund Bundesverband
Hinüberstr. 8, 30175 Hannover
Tel.: 0511/30485 -0
e-mail: info@dksb.de
Literaturempfehlung:
Paula Honkanen-Schoberth (2002): Starke Kinder brauchen starke Eltern – Der Elternkurs des Deutschen Kinderschutzbundes, Ravensburg: Urania Verlag

Step – Das Elterntraining
Kontaktadresse:
www.instep-online.de
Literaturempfehlung:
Dinkmeyer, Don u.a. (2004) STEP – Das Elternbuch. Die ersten sechs Jahre, hrsgg. von Kühn, T./Petcov, R., Weinheim: Beltz
Dinkmeyer, Don u.a. (2004) STEP – Das Elternbuch. Kinder ab 6 Jahre, hrsgg. von Kühn, T./Petcov, R., Weinheim: Beltz

Encouraging-Elterntraining Schoenaker-Konzept®
Kontaktadresse:
Adler-Dreikurs-Institut
Hindenburgstr. 1
31167 Bockenem
Tel.: 05067/247062
e-mail: kontakt@adler-dreikurs.de
Literaturempfehlung:
Theo Schoenaker (2003): Mut tut gut. Das Encouraging-Training, RDI-Verlag

***Kess*-erziehen®**
Kontaktadresse:
www.akf-bonn.de oder www.kess-erziehen.de
Arbeitsgemeinschaft für kath. Familienbildung (*AKF*) Bonn e.V.
Mainzer Straße 47, 53179 Bonn
Tel.: 0228/371877
Literaturempfehlung
Horst, C., u.a. (2005): Kess erziehen. Der Elternkurs. Wege zu einem entspannten und liebevollen Erziehungsstil – Das 5-Schritte-Programm, München: Knaur

FuN – Familie und Nachbarschaft
Kontaktadresse:
Praepaed – Institut für präventive Pädagogik
Marientalstraße 78, 48149 Münster
Tel.: 0251/37164
e-mail: info@akku-online.de
Literaturempfehlung:
Piltman Birgit/Brixius, Bernd (2004) : FuN – der Name ist Programm. Ein präventives Familien-Programm, in: Theorie und Praxis der Sozialpädagogik, Heft Elternbildung 8/2004, Seelze: Friedrich Verlag

Eltern Stärken – Dialogische Elternseminare
Kontaktadresse:
Jugendamt Dortmund, Ref. 51/4
Ostwall 64, 44135 Dortmund
Tel.: 0231/5025956
e-mail: JSchopp@Stadtdo.de
Literaturempfehlung:
Johannes Schopp (2006): Eltern Stärken. Dialogische Elternseminare – ein Leitfaden für die Praxis. 2. Auflage. Opladen: Verlag Barbara Budrich

Gordon Training

Kontaktadresse:

Gordon Training Deutschland Österreich Schweiz
Akademie für personzentrierte Psychologie GmbH
Bonner Talweg 149, D-53129 Bonn
Tel.: 0228/225867
e-Mail: akademie.gmbh@t-online.de
www.gordontraining.org

Literaturempfehlung:

Gordon, Thomas (2004): Familienkonferenz – Die Lösung von Konflikten zwischen Eltern und Kind. 43. Auflage, München: Wilhelm Heyne Verlag

Weitere und ausführliche Konzeptbeschreibungen finden sich in:

Tschöpe-Scheffler, S. (Hrsg.) (2005): Konzepte der Elternbildung – eine kritische Übersicht. Opladen: Verlag Barbara Budrich

9. Es war nie spannender zu erziehen als heute – ein Interview

Sigrid Tschöpe-Scheffler/Julia Karnick

Julia Karnick: Gibt es die perfekte Erziehung?

Sigrid Tschöpe-Scheffler: Nein. Es gibt viele Wege, gut zu erziehen: Keine Familie ähnelt der anderen und darum warne ich vor „schnellen Erziehungsrezepten"

Julia Karnick: Fernsehsendungen wie „Die Super Nanny" oder „Der große Erziehungstest", meterweise Ratgeber in den Regalen und immer mehr verschiedene Elternkurse: Man könnte fast meinen, dass es heutzutage ohne Nachhilfe unmöglich ist, eine gute Mutter oder ein guter Vater zu sein. Was ist passiert?

Sigrid Tschöpe-Scheffler: In den letzten Jahrzehnten gab es einen Wandel vom „Befehls-" zum „Aushandelhaushalt": Eltern setzen ihre Interessen nicht mehr einfach durch, sondern versuchen, sie mit denen der Kinder abzustimmen. Das ist anstrengend. Und weil es viele Möglichkeiten gibt auszuhandeln, gibt es auch viele Möglichkeiten zu erziehen. Nur: Welcher Weg ist für wen der richtige? Es gibt nicht die Familie oder das Kind, darum gibt es auch keine einfachen Erziehungsrezepte.

Julia Karnick: Gibt es keinen Instinkt, auf den sich der Mensch beim Erziehen verlassen kann?

Sigrid Tschöpe-Scheffler: Instinkt ist das falsche Wort. Ich glaube, es gibt eine intuitive Elternvernunft. Immer wieder sagen Mütter: Mein Gefühl sagt, ich soll mein Kind trösten, wenn es nachts weint. Aber weil sie gelesen haben, man würde die Kinder sonst verwöhnen, gewöhnen sie es sich ab, ihrer Intuition zu folgen. Eltern brauchen den Mut, ihrer „Elternkraft" zu vertrauen. Und sie mit Verstand einzusetzen: Den braucht man beim Erziehen auch.

Julia Karnick: Gefühl und Verstand widersprechen sich allerdings oft: Gibt es Grundsätzliches, auf das ich achten sollte, wenn ich ein Kind erziehe?

Sigrid Tschöpe-Scheffler: Es gibt Eckpfeiler, an denen man sich orientieren kann – ich nenne sie die „Fünf Säulen einer guten Erziehung". Die erste Säule ist die Liebe: nicht blind oder verschlingend, sondern als bewusste Zuwendung. Zweitens: Achtung, also der Respekt vor dem Anderssein meines Kindes. Drittens: Kooperation, das bedeutet, es seinem Alter entsprechend in Entscheidungen einzubeziehen. Die vierte Säule ist die Struktur: Eltern müssen ihren Kindern nicht nur Grenzen setzen, sondern Kontinuität bieten, einen regelmäßigen Tages- und Wochenablauf etablieren, das Jahr durch Rituale strukturieren usw.. Die fünfte Säule heißt Förderung. Zu jeder Säule gibt es eine Schattensäule: Überbehütung, Missachtung, Bevormundung, Chaos, Überforderung. Zwischen diesen Polen bewegen sich Eltern. Wer sein Erziehungsverhalten überdenken will, muss sich fragen: „Welche Säule wird in unserer Familie ausreichend gelebt, wo müssen wir etwas ändern?" Wo herrscht zu viel Bevormundung und zu wenig Kooperation? Zu viel Chaos und zu wenig Struktur?

Julia Karnick: Das klingt einleuchtend, aber recht mühsam. Und erklärt vielleicht, warum ein neoautoritärer Erziehungsstil à la „Super Nanny" zur Zeit so gut ankommt.

Sigrid Tschöpe-Scheffler: Das hat auch mit dem Zeitgeist zu tun, der meiner Ansicht nach ein Fastfood-Zeitgeist ist. Alles muss schnell gehen. Und wer schnelle Lösungen will, greift zu Rezepten, wie sie von der „Super Nanny" vermittelt werden. Auch eine Sendung wie „Der große Erziehungstest" suggeriert, es gäbe in Erziehungskonflikten nur eine richtige Antwort. Es war interessant zu sehen, dass die Kandidatinnen und Kandidaten sich gegen die Vorgaben einer einzigen zutreffenden Lösung gewehrt haben und diskutieren wollten: Erziehung ist immer abhängig von der Situation und der Persönlichkeit der Beteiligten – der angeblich wissenschaftlich bewiesene Weg ist nicht mein Weg, auch nicht der meines Kindes. Schnelle, eindeutige Lösungen sind verlockend, aber sie sind den menschlichen Entwicklungsprozessen nicht angemessen. Erziehung ist ja nicht nur ein Verhalten – Erziehung ist eine Haltung.

Julia Karnick: Sie untersuchen, welche Haltung Kindern gegenüber die immer populärer werdenden Elternkurse vermitteln. Was halten Sie grundsätzlich von diesen Kursen?

Sigrid Tschöpe-Scheffler: In keinem anderen Beruf gibt es so wenig Aus- und Fortbildung wie im Eltern-Beruf. Man kann natürlich niemanden zwingen, aber ich wäre dafür, dass alle Eltern einen solchen Kurs besuchen oder eine andere unterstützende Begleitung erhalten, wo sie – das ist das Wichtigste! – zur Selbstreflexion angeregt werden: Welche Werte sind mir wichtig, was will ich meinem Kind mitgeben? Ein guter Elternkurs stellt Handwerkszeug zur Verfügung, Gesprächs- und Kommunikationsstile – und zeigt auf, wie Väter und Mütter bei Problemen anders, besser reagieren können als bisher: Welcher Weg passt zu mir und zu unserer Familie, um Nein zu sagen, mich abzugrenzen, mit Aggressionen umzugehen? Natürlich vermittelt ein guter Elternkurs auch einfach Wissen. Manches, was Eltern für problematisch halten, ist normal in einem bestimmten Alter: Wenn mein dreijähriges Kind gegen Grenzen rebelliert, kann ich froh sein, denn dann ist es gesund. Und ein guter Elternkurs bietet Raum für Austausch: Von anderen Eltern zu hören, dass auch sie Probleme haben, ist wichtig. Viel häufiger, als man das denkt, verstecken Eltern ihre Probleme hinter der Haustür.

Julia Karnick: Sie können also alle gängigen Elternkurse empfehlen?

Sigrid Tschöpe-Scheffler: Im Prinzip ja. Mir ist allerdings besonders wichtig, dass ein Elternkurs die Eltern anleitet, sich mit den Beziehungen innerhalb des Familiensystems und den darin liegenden Ursachen einer kindlichen „Verhaltensstörung“ zu beschäftigen – statt in erster Linie Erziehungsstrategien vorzugeben, die Eltern anwenden sollen, damit das Kind sich besser in das bestehende „System“ einfügt: Ein schwieriges Kind bringt immer zum Ausdruck, dass es in schwierigen Verhältnissen lebt. Die so genannten „Verhaltensauffälligkeiten“ sind sein Weg, das nach außen zu tragen. Das heißt: Ich muss nicht in erster Linie das Kind behandeln, sondern die Zusammenhänge anschauen und die Kommunikation und Beziehungen in der Familie verbessern helfen: In Kursen, die vorwiegend familiensystemisch oder individualpsychologisch arbeiten, wie z.B. „Starke Eltern – Starke Kinder®", „Step" oder „Kess-Erziehen", „Eltern Stärken – Dialogische Elternseminare" wird darauf besonders Wert gelegt.

Julia Karnick: Aber wenn ein Kind die ganze Familie terrorisiert, muss man dem doch Einhalt gebieten.

Sigrid Tschöpe-Scheffler: Wenn reines Chaos herrscht, so dass Eltern und Kinder gar keine positiven Erfahrungen miteinander machen, nicht mehr zur Ruhe kommen, kann es sein, dass zunächst über einen langen Zeitraum Struktur gelernt werden muss mit Methoden, wie sie zum Beispiel das eher verhaltenspsychologisch orientierte „TripleP" empfiehlt und wie sie die „Super Nanny" teilweise anwendet. Das ist dann aber eine vorwiegend therapeutische Maßnahme, die begleitet und auf die Familie abgestimmt werden muss – und die nicht einem Fernsehpublikum vorgeführt werden darf, das dann glaubt: „Ach, so geht das!" Also: Es kann angebracht sein, mit Hilfe konkreter Erziehungsstrategien erst einmal Struktur herzustellen, damit Eltern und Kinder aufatmen können. Erst einmal! Dann muss es aber weitergehen: mit der Suche nach einem individuellen Erziehungsweg und der „Selbsterziehung der Eltern", die übrigens zu jeder Erziehung dazu gehört.

Julia Karnick: Erzeugt der Trend zu Elternkursen nicht eine paradoxe Situation? Einerseits predigen Pädagogen: „Ihr müsst nicht perfekt sein!" Anderseits gehen sicher viele Eltern mit dem Wunsch dorthin, perfekt zu werden.

Sigrid Tschöpe-Scheffler: Sicher. Aber egal, was Eltern erwarten: Die Aufgabe eines guten Elternkurses muss es sein, den elterlichen Perfektionismuswahn zu beenden. Kinder brauchen keine Super-Robotereltern. Ein Vater, der sagen kann „Tut mir leid, ich wollte das nicht, aber du hast mich so gereizt!", ist kein Versager, sondern ein Vorbild dafür, wie man mit Konflikten umgehen kann.

Julia Karnick: Die Anforderungen an Eltern sind heute hoch. Andererseits sind wir freier als alle Elterngenerationen vor uns. Liegt darin auch eine Chance?

Sigrid Tschöpe-Scheffler: Die Chance, die darin liegt, ist zugleich eine Antwort auf die Frage, die Adorno gestellt hat: „Wie muss man nach

Auschwitz erziehen?“ Wir haben heute die Chance, kritikfähige Menschen heranzuziehen, Menschen, die sich nicht ohne Weiteres einer Diktatur beugen würden, die andere nicht zum Opfer ihrer Ideen machen. Diese jungen Menschen werden uns ihre Meinung allerdings auch vorhalten, wir müssen uns mit ihnen auseinander setzen: Wenn man sich dem stellt, eröffnen sich einem auch als Erwachsenen mehr Entwicklungsmöglichkeiten als in jedem anderen Lebensbereich. Das finde ich wunderbar: Nie war es spannender zu erziehen als heute.

(Interview aus BRIGITTE-Dossier (Heft 17/2005). Wir danken für die Erlaubnis zum Abdruck).

10. Literaturliste

Beck, U. (1986): Risikogesellschaft. Auf dem Weg in eine andere Moderne, Frankfurt/Main: Suhrkamp

Beck, U., Beck-Gernsheim, E. (Hrsg.), (1994): Riskante Freiheiten, Frankfurt/Main: Suhrkamp

Beck-Gernsheim, E. (2000): Was kommt nach der Familie? Einblicke in neue Lebensformen. Frankfurt: Beck

Belsky, J. (1984): The determinants of parenting: A process model. Child Development, Berlin: Springer-Verlag, 55, S.83-96

Bierschock, K. P.: Kinderreiche Familien – ein Überblick, in: www.familienhandbuch.de

Brecht, B. (1967): Radiotheorie, in: Gesammelte Werke, Bd. 18., Frankfurt/Main: Suhrkamp, S. 33

Breuer, K. (2005): Thomas Gordon's Family Effectiveness Training, in: Tschöpe-Scheffler, S. (Hrsg.) (2005). Konzepte der Elternbildung – eine kritische Übersicht, Opladen: Verlag Barbara Budrich, S. 25-40

BRIGITTE-Dossier, (Heft 17/2005): Welcher Elterntyp sind Sie? – Entdecken Sie Ihre Fähigkeiten, Hamburg

Brixius, B., Piltman, B. (2004): FuN – der Name ist Programm. Ein präventives Familienprogramm, in: Theorie und Praxis der Sozialpädagogik (8 / 2004) Velbert: Kallmeyer, S. 23-25

Brixius, B., Koerner, S., Piltman, B.: FuN – der Name ist Programm – Familien lernen mit Spaß, in: Tschöpe-Scheffler, S. (Hrsg.) (2005): Konzepte der Elternbildung – eine kritische Übersicht, Opladen: Verlag Barbara Budrich, S. 137-160

Buber, M. (1962): Werke – Erster Band – Schriften zur Philosophie, München: Lambert Schneider

Buber, M. (2002): Das dialogische Prinzip, Gütersloh: Lambert Schneider

Bundesministerium für Familie, Senioren, Frauen und Jugend, (1995): Familien und Familienpolitik im vereinten Deutschland – Zukunft des Humanvermögens, Bonn; Fünfter Familienbericht.

Bundesministerium für Familie, Senioren, Frauen und Jugend (1999): Die Familie im Spiegel der amtlichen Statistik. 5. Auflage, Bonn

Bundesministerium für Familie, Senioren, Frauen und Jugend (2001): Alleinerziehen Vielfalt und Dynamik einer Lebensform. Stuttgart/Berlin/Köln: Verlag W. Kohlhammer

Bundesministerium für Familie, Senioren, Frauen und Jugend (2002): Dokumentation der Fachtagung: Alleinerziehen in Deutschland. Ressourcen und Risiken einer Lebensform, Bonn

Bundesministerium für Familie, Senioren, Frauen und Jugend (2003a): Die Familie im Spiegel der amtlichen Statistik. Erweiterte Auflage

Bundesministerium für Familie, Senioren, Frauen und Jugend (Hrsg.) (2003b): Auf den Anfang kommt es an. Perspektiven zur Weiterentwicklung des Systems der Tageseinrichtungen für Kinder in Deutschland, Weinheim/Basel/Berlin: Beltz Verlag

Bundesministerium für Familie, Senioren, Frauen und Jugend (2005): Lokale Bündnisse für Familien in: www.lokale-buendnisse-fuer-familie.de

Erlanger Forschungsprojekt: Erinnertes und aktuelles Erziehungsverhalten von Müttern und Vätern in: http://www.bmfsfj.de/Kategorien/aktuelles,did=21012.html (8.7.2005)

Gordon, T. (1972): Familienkonferenz. Die Lösung von Konflikten zwischen Eltern und Kind, Hamburg: Verlag Hoffmann und Campe

Graf, J. (2005): FamilienTeam – Das Miteinander stärken. Das Geheimnis glücklichen Zusammenlebens. Freiburg: Herder

Grossmann, K.E. (2000): Bindungsforschung im deutschsprachigen Raum und der Stand bindungstheoretischen Denkens, in: Psychologie in Erziehung und Unterricht, Nr. 47, S. 221-237

Hagenhoff, R., Metz, M., Nieswand, C. (2005): Encouraging-Elterntraining Schoenaker-Konzept® –Warum mutige Kinder mutige Erzieher/innen brauchen, in: Tschöpe-Scheffler, S. (Hrsg.) (2005): Konzepte der Elternbildung – eine kritische Übersicht, Opladen: Verlag Barbara Budrich, S. 99-114

Hamann, B. (1992): Zeitgeschichtliche Tendenzen gesellschaftlicher Entwicklungen als Herausforderung einer familienorientierten Erziehung, in: Schneewind, K.A., von Rosenstiel, L. (Hrsg.) (1992): Wandel der Familie, Göttingen, Toronto, Zürich: Hogrefe, Verlag für Psychologie

Hartkemeyer, J.-F., Hartkemeyer, M., Dhority, L.-F. (2001): Miteinander Denken – Das Geheimnis des Dialogs, Stuttgart: Klett-Cotta

Hofemann, K., Naegele, G., Bispink, R., Bäcker, G. (2000): Sozialpolitik und soziale Lage in Deutschland, Band 2, Wiesbaden: Westdeutscher Verlag

Honkanen-Schobert, P. (2002): Starke Kinder brauchen Starke Eltern. Der Elternkurs des Deutschen Kinderschutzbundes, Stuttgart: Urania Verlag

Honkanen-Schoberth, P. (2005): Starke Eltern – Starke Kinder®" Elternkurse des Deutschen Kinderschutzbundes – mehr Freude, weniger Stress mit den Kindern, in: Tschöpe-Scheffler, S. (Hrsg.) (2005): Konzepte der Elternbildung – eine kritische Übersicht, Opladen: Verlag Barbara Budrich, S. 41-50

Horst, C. (2005): Kess-erziehen® – und Familie entspannter (er)leben, in: Tschöpe-Scheffler, S. (Hrsg.) (2005): Konzepte der Elternbildung – eine kritische Übersicht, Opladen: Verlag Barbara Budrich, S. 85-98

Jonuz, E. (2004): Kontinuität und Brüche familiärer Gewalt – Der Wandel elterlicher Erziehungsgewalt zu elterlicher Erziehungskompetenz unter Berücksichtigung präventiver Ansätze, Köln: Diplomarbeit, Fachhochschule Köln

Juul, J. (2000): Grenzen, Nähe und Respekt. Wie Eltern und Kinder sich finden, Reinbek bei Hamburg: Rowohlt Verlag

Kemper, H. (1990): Erziehung als Dialog. Anfragen an Janusz Korczak und Platon-Sokrates, München, Weinheim: Juventa Verlag

Keupp, H. (1997): Diskursarena Identität: Lernprozesse in der Identitätsforschung, in: Keupp, H., Höfer, R.: Identitätsarbeit heute, Frankfurt/M.: Suhrkamp

Korczak, J. (1979): Von Kindern und anderen Vorbildern, Gütersloh: Gütersloher Verlagshaus
Korczak, J. (1991): Von der Grammatik und andere pädagogische Texte, in: Beiner, F., Lax-Höfer, E. (Hrsg.) (1991). Heinsberg: Agentur Dieck
Korczak, J. (1998): Kinder achten und lieben, in: Oelschläger, A. (Hrsg.), Freiburg i. Br., Herder
Korczak, J. (1999): Sämtliche Werke. Bd. 4. Wie liebt man ein Kind. Erziehungsmomente. Das Recht des Kindes auf Achtung. Fröhliche Pädagogik, Bearbeitet und kommentiert von Beiner, F., Ungermann, S., Gütersloh: Gütersloher Verlagshaus
Kühn, T., Petcov, R. (2005): STEP – Das Elterntraining – Erziehungskompetenz stärken – Verantwortungsbereitschaft fördern, in: Tschöpe-Scheffler, S. (Hrsg.) (2005). Konzepte der Elternbildung – eine kritische Übersicht, Opladen: Verlag Barbara Budrich, S. 67-84
Legatis, B., Schnell-Näf, R. (1994): Familienleben so und anders! Das Buch zum Internationalen Jahr der Familie 1994, Zürich: Verlag pro juventute
Maihofer, A., Böhnisch, T., Wolf, A. (2001): Wandel der Familie, Literaturstudie. Edition Arbeitspapier, Nr. 48. Hrsg. von der Hans Böckler Stiftung. Mitbestimmungs-, Forschungs- und Studienförderwerk des DGB. Düsseldorf
Marbach, J.H., Bien, W. (Hrsg.) (2003): Partnerschaft und Familiengründung. Ergebnisse der dritten Welle des Familien-Survey. Opladen: Leske + Budrich
Mörs-Hoffmann, S. (2005): Forschungsstudie zur Evaluation von Netzwerken, Köln: unveröffentlichtes Manuskript, Institut für Kindheit, Jugend und Familie, Fachhochschule Köln
Nave-Herz, R. (2002): Kontinuität und Wandel der Familie in Deutschland. Eine zeitgeschichtliche Analyse, Stuttgart: Lucius & Lucius Verlag
Omer, H., von Schlippe, A. (2004): Autorität durch Beziehung. Die Praxis des gewaltlosen Widerstands in der Erziehung, Göttingen: Vandenhoeck & Ruprecht
Opp, G. (Hrsg.) (1999): Was Kinder stärkt – Erziehung zwischen Risiko und Resilienz, München: Reinhardt
Papoušek, M. (1996): Die intuitive elterliche Kompetenz in der vorsprachlichen Kommunikation als Ansatz zur Diagnostik von präverbalen Beziehungsstörungen. Kindheit und Entwicklung, 5. Jg., Heft 4, S. 140-146.
Rolff, H.-G., Zimmermann, P. (1997): Kindheit im Wandel, Weinheim/Basel: Beltz Verlag
Rupp, M. (2004): Expertise – Familien heute, Staatsinstitut für Familienforschung an der Universität Bamberg
Schneewind, K.A. (1999): Familienpsychologie, (2. überarbeitete Auflage), Stuttgart: Kohlhammer
Schneewind, K.A., Ruppert, S. (1995): Familien gestern und heute: ein Generationenvergleich über 16 Jahre, Berlin: Quintessenz
Schneewind, K.A. (2002): Familienentwicklung, in: Oerter, R., Montada, L.: Entwicklungspsychologie. Weinheim/Basel/Berlin. Beltz Verlage, S. 112
Schneewind, K.A., von Rosenstiel, L. (Hrsg.) (1992): Wandel der Familie, Göttingen/Toronto/ Zürich: Hogrefe, Verlag für Psychologie
Schneider, N.F., Krüger, D., Lasch, V., Limmer,R., Matthias-Bleck, H. (2001): Alleinerziehen in Deutschland – Vielfalt und Dynamik einer Lebensform.

Schriftenreihe des Bundesministeriums für Familie, Senioren, Frauen und Jugend, Band 199, Köln: Verlag W. Kohlhammer

Schoenaker, T. (2003): Mut tut gut. Das Encouraging-Training, Sinntal: RDI Verlag

Schopp, J. (2004): Elterntreffen im Dialog – Wenn radikaler Respekt zum Leitsatz in der Elternbildung wird, in: Theorie und Praxis der Sozialpädagogik, (8 /2004), Velber: Kallmeyer, S. 34-37

Schopp, J. (2005a): Eltern Stärken. Dialogische Elternseminare. Leitfaden für die Praxis. Opladen: Verlag Barbara Budrich

Schopp, J. (2005b): Eltern Stärken. Dialogische Elternseminare, in: Thema Jugend. Zeitschrift für Jugendschutz und Erziehung (2/2005). Katholische Landesgemeinschaft Kinder- und Jugendschutz NW e.V. (Hrsg.), S. 14-15

Schopp, J., Wehner, J. (2005): Eltern Stärken – Dialogische Elternseminare, in: Tschöpe-Scheffler, S. (Hrsg.) (2005). Konzepte der Elternbildung – eine kritische Übersicht, Opladen: Verlag Barbara Budrich, S. 161-174

Smolka, A. (2002): Beratungsbedarf und Informationsstrategien im Erziehungsalltag. Ergebnisse einer Elternbefragung in Nürnberg zum Thema Familienbildung und Elterninformation. ifb-Materialien, Nürnberg

Stolz, U., Thiel, T. (2005): Kinder gemeinsam in die Welt begleiten, Elternbildung und Erziehungspartnerschaft als Angebot des Kindergartens, in: Tschöpe-Scheffler, S. (Hrsg.) (2005). Konzepte der Elternbildung – eine kritische Übersicht, Opladen: Verlag Barbara Budrich, S. 199-212

Süss, G.J., Pfeifer, K.-W. (1999): Frühe Hilfen. Die Anwendung von Bindungs- und Kleinkindforschung in Erziehung, Beratung, Therapie und Vorbeugung, Gießen: Psychosozialverlag

Textor, M.R. (2003): Das Verhältnis von Tageseinrichtung zur Familie, in: Bundesministerium für Familie, Senioren, Frauen und Jugend (Hrsg.): Auf den Anfang kommt es an. Perspektiven zur Weiterentwicklung des Systems der Tageseinrichtungen für Kinder in Deutschland. Weinheim/Basel/Berlin: Beltz

Tschöpe-Scheffler, S. (1996): Pestalozzi – Leben und Werk im Zeichen der Liebe. Versuchet die Liebe, die eure Pflicht ist. Neuwied/Kriftel/Berlin: Luchterhand

Tschöpe-Scheffler, S. (1999): Korczak- Pädagogik: Erkenne dich selbst, bevor du Kinder zu erkennen trachtest, in: Öhlschläger, R. (Hrsg.): Von Korczak lernen heißt.... Kleine Hohenheimer Reihe, Bd. 37. Stuttgart: Akademie der Diözese Rottenburg-Stuttgart, S. 41-65

Tschöpe-Scheffler, S. (2002a): Kinder brauchen Wurzeln und Flügel. Erziehung zwischen Bindung und Autonomie. Mainz: Grünewald

Tschöpe-Scheffler, S., Niermann, J. (2002b): Forschungsbericht: Evaluation von Elternkursen – „Starke Eltern – starke Kinder®" (DKSB), Köln: Fachhochschule, siehe auch: www.sw.fh-koeln.de/htdocs/person/tschoepe/ Forschungsbericht.pdf

Tschöpe-Scheffler, S. (2003a): Elternkurse auf dem Prüfstand. Wie Erziehung wieder Freude macht, Opladen: Leske + Budrich

Tschöpe-Scheffler, S. (2003b): Fünf Säulen einer guten Erziehung, in: Psychologie Heute (6/2003). Weinheim: Beltz Verlag, S. 44-47

Tschöpe-Scheffler, S. (2003c): Fünf Säulen der Erziehung. Wege zu einem entwicklungsfördernden Miteinander von Erwachsenen und Kindern, Mainz: Grünewald

Tschöpe-Scheffler, S. (2004a): Kann man Erziehen lernen? – Elternkurse im Vergleich, in: Aktion Jugendschutz Landesarbeitsstelle Baden Württemberg (Hrsg.):

Von wegen Privatsache ... Erziehungspartnerschaft zwischen Familie und Gesellschaft, Stuttgart.
Tschöpe-Scheffler, S. (2004b): Qualitätsfragen an Elternkurse – Wie man Konzepte leichter beurteilen kann, in: Theorie und Praxis der Sozialpädagogik, (8/2004), S. 4-7
Tschöpe-Scheffler, S. (2004c): Gute Erziehung – was ist das? Welche Art von Zuwendung brauchen Kinder? Was unterstützt sie in ihrer Entwicklung? In: Psychologie heute compact (11/2004): Abenteuer Erziehung. Was Eltern und Erzieher heute wissen müssen. Weinheim: Beltz
Tschöpe-Scheffler, S., Deegener, G. (2004d). „Es wird sich in den Schlaf weinen..." – Schlafprobleme – und welche Rezepte der Elternkurs Triple P gibt, in: Theorie und Praxis der Sozialpädagogik, (8/2004), Velber: Kallmeyer, S. 18-22
Tschöpe-Scheffler, S. (Hrsg.) (2005a): Konzepte der Elternbildung – eine kritische Übersicht, Opladen: Verlag Barbara Budrich
Tschöpe-Scheffler, S. (2005b): Was Eltern wollen und was sie brauchen – eine Befragung von 350 Eltern, unveröffentliches Manuskript, Köln
Tschöpe-Scheffler, S. (2005c): Die Super-Nanny. Schnelle und simple Methoden im Sinne einer Fastfoodpädagogik, in: Forschung und Lehre, Heft 4/2005, S. 186-188
Tschöpe-Scheffler, S. (2005d): Erziehungsstile und kindliche Entwicklung: entwicklungshemmendes versus entwicklungsförderndes Erziehungsverhalten, in: Deegener, G., Körner, W. (Hrsg.) (2005): Kindesmisshandlung und Vernachlässigung. Ein Handbuch; Göttingen: Hogrefe
Tschöpe-Scheffler, S. (2005e): Innovative Formen der Stärkung der Elternkompetenz: Elternbriefe – Elternkurse – Elternbildung, in: Deegener, G., Körner, W. (Hrsg.) (2005): Kindesmisshandlung und Vernachlässigung. Ein Handbuch; Göttingen: Hogrefe
Vattimo, G. (1987/88): Ideologie oder Ethik. Von Marx zum schwachen Denken. Übers. von Schönherr, H.-M., in: Nürnberger Blätter 3, Nr. 7
Walper, S., Pekrun, R. (Hrsg) (2000): Familie und Entwicklung: Perspektiven der Familienpsychologie, Göttingen: Hogrefe
Werner, E. (1999): Entwicklung zwischen Risiko und Resilienz, in: Opp, G. (Hrsg.): Was Kinder stärkt – Erziehung zwischen Risiko und Resilienz, München: Reinhardt

11. Autor/innen

Herausgeberin

Sigrid Tschöpe-Scheffler, Prof. Dr.
Erziehungswissenschaftlerin und Hochschullehrerin an der Fachhochschule Köln, Direktorin des Instituts für Kindheit, Jugend und Familie der Fakultät für Angewandte Sozialwissenschaften, Forschungsleiterin der Forschungsprojekte: „Stärkung der elterlichen Erziehungskompetenz", „Elternkurse auf dem Prüfstand".
www.tschoepe-scheffler. de

Autor/innen:

Andre Bornhöfft
Studium Freie Kunst, Philosophie und Psychologie, Informatiker, seit 1992 Consultant in der IT Wirtschaft und freier Mitarbeiter des Instituts für Kindheit, Jugend und Familie an der Fakultät für Angewandte Sozialwissenschaften, Fachhochschule Köln

Elli Jonuz
Erzieherin, Diplom Sozialpädagogin, Doktorandin an der Universität zu Köln, wissenschaftliche Mitarbeiterin des Instituts für Kindheit, Jugend und Familie an der Fakultät für Angewandte Sozialwissenschaften, Fachhochschule Köln

Stephanie Mörs-Hoffmann
Biologisch-technische-Assistentin u.a. in der neurologischen Forschung, Diplomandin, Mitarbeiterin im Forschungsprojekt: „Evaluation des Familienprogramms FuN" und im Institut für Kindheit, Jugend und Familie an der Fakultät für Angewandte Sozialwissenschaften, Fachhochschule Köln